21세기 미래대학을 말한다

21세기 미래대학을 말한다

초판1쇄 인쇄 2013년 4월 10일
초판1쇄 발행 2013년 4월 17일

기획 경희대학교 문화홍보처
엮은이 21세기 미래대학을 말한다 편집위원회
펴낸이 조인원
펴낸곳 경희대학교 출판문화원

주소 서울시 동대문구 회기동 1번지
전화 02-961-0106~8, 팩스 02-962-8840
설립 1960년 9월 16일 제5-8호
등록 1977년 11월 8일 제6-5호
홈페이지 www.khupress.com
전자우편 press@khu.ac.kr

ISBN 978-89-8222-424-9 03300

GLOBAL EMINENCE 2020

21세기 미래대학을 말한다

21세기 미래대학을 말한다

21세기 미래대학을 말한다 편집위원회 엮음

서문

미래대학을 향한 경희의 도전

'21세기 새로운 명문의 조건은 무엇인가?'

경희의 화두이자, 창조적 미래를 준비하는 고등교육 기관이 던져야 할 근원적 질문입니다. 지난 5년, 경희는 '학술과 평화Academe and Peace', '지구적 존엄Global Eminence'을 구현하며, 대학다운 대학의 미래를 모색해왔습니다. 현실과 유리된 상아탑을 넘어 '더 나은 사람, 더 나은 세상'을 위한 학술과 실천의 장을 열어왔습니다.

『21세기 미래대학을 말한다』는 이와 같은 문제의식의 연장선상에 서 있습니다. 새 시대가 요청하는 대학운영의 새로운 가능성을 탐색하고자 합니다. '대학인은 더 나은 미래를 위해 어떤 꿈을 공유해야 하는가.' '함께 풀어가야 할 과제는 무엇인가.' '문명사적 전환기에 어떤 길을 선택해야 할 것인가.' 경희대학교는 창조적 변화를 선도하는 학술기관의 책임자를 초빙해, 21세기 미래대학이 요청하는 비전과 가치, 발전 전략을 논합니다.

'더 나은 미래를 향한 참다운 명문대학의 길.'

그 길은 미리 정해져 있지 않습니다. 창조적 여정과 도전이 있을 뿐입니다. 인간과 세계, 문명의 무한한 가능성을 꿈꾸며, 경희의 미래, 대학의 미래, 인류의 미래를 함께 열었으면 합니다.

2012년 12월

21세기 미래대학을 말한다 편집위원회

차례

제3부 대학 위상의 순환주기와 변화 요인 마이클 펑

GLOBAL EMINENCE 2020

21세기 미래대학을 말한다

"21세기 미래대학을 말한다"는 교육 · 연구 · 실천의 창조적 융합 방향을 모색하기 위해 기획한 특강시리즈입니다. 세계적인 학술기관의 석학과 리더들을 초청, 강연과 대담, 라운드테이블을 개최해 그들의 독자적인 기관운영 철학과 비전, 거버넌스, 발전전략 등을 공유합니다. 이 특강시리즈를 통해 21세기 새로운 명문의 조건을 탐구하고 미래대학 구상의 개념적 · 실천적 토대를 마련하고자 합니다.

GLOBAL EMINENCE 2020

21세기 미래대학을 말한다

의과학 교육의 미래

UCLA 치과대학의 경우

박 노 희

UCLA 치과대학장

1부는 2011년 10월 18일부터 20일까지 경희대학교 청운관에서 개최한 '21세기 미래대학을 말한다/Global Eminence 2020' 에서 박노희 UCLA 치과대학 학장이 "21세기 대학의 미래, 의과학 교육의 미래" (The Future of Health Science Education: in the Case of UCLA)를 주제로 강연한 내용을 담았습니다.

이렇게 귀한 자리에 초청해주신 경희대학교 조인원 총장님과 교직원 여러분께 감사드립니다. 오늘 저에게 주어진 강연의 주제는 "의과학 교육의 미래" 입니다. 현재 미국을 비롯한 세계의 대학들은 여러 가지 도전에 직면해 있습니다. 이와 관련된 이야기를 저는 '의과학 교육' 의 당면과제와 연계해서 풀어가겠습니다. 지금 제가 말씀드리려는 의과학 교육의 제반 문제는 궁극적으로 저의 전공뿐만 아니라 일반 학문분야에도 관계되는 것입니다.

당면 과제들

대학의 재원 감소

지난 10년간은 우리 대학의 어려운 시기였습니다. 세계적인 금융 불안정과 경기 침체로 인해 대학에 대한 정부의 지원은 계속 줄어들고 있습니다. 캘리포니아에는 10개의 주립대학이 있는데 UCLA는 그중 가장 규모가 큰 대학교입니다. 여기 파랑색 부분이 캘리포니아대학교 전체가 주에서 지원받는 예산입니다. 보시다시피 2001년도에 주 정부에서 지원한 예산은 33억 달러입니다. 1년에 3%씩 물가가 상승한다고 가정하

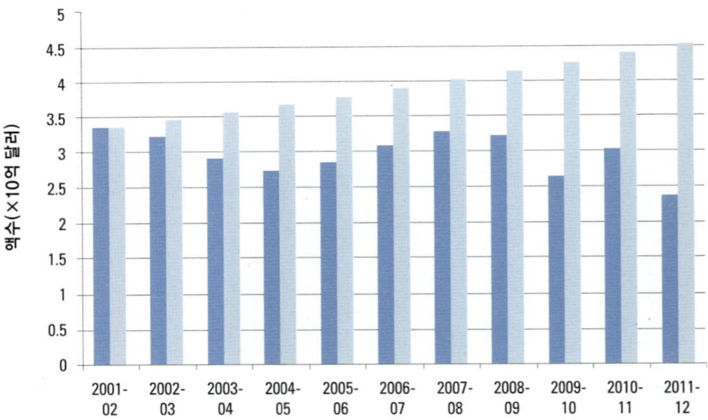

캘리포니아대학교에 대한 주 지원금 추이*

* 왼쪽막대는 연간 예산, 오른쪽막대는 물가상승률을 반영한 필요예산

> 지난 10년 간은 어려운 시기였습니다. 세계적인 금융 불안정과 경기 침체로 인해 대학에 대한 정부의 지원은 계속 줄어들고 있습니다. 물가 상승분을 고려하면 현재는 2001년도의 절반 정도밖에 안 되는 예산으로 대학을 운영하게 되어 있습니다. 결국 돈이 없어지는 것이지요.

면 작년인 2011년에는 45억 달러가 되어야 합니다. 교수 월급만 생각해 봐도 매년 인플레이션 때문에 생활비가 늘어나기 때문입니다. 그런데 지원금이 내려갔다 올라갔다 하면서 금년에 받은 액수는 23억 5천만 달러에 불과합니다. 물가 상승분을 고려하면 현재는 2001년도의 절반 정도밖에 안 되는 예산으로 대학을 운영하게 되어 있습니다. 결국 돈이 없어지는 것이지요.

UCLA 건강과학센터Centers for Health Sciences는 의과대학, 치과대학, 간호대학, 보건대학 등 네 개의 단과대학으로 구성되어 있는데, 그 전체 예산에 대한 국가 보조금은 2억 달러가 채 되지 않습니다. 대학의 운영 자금은 최소한 14억 달러가 필요합니다. 그렇다면 차액은 누가 책임져야 할까요? 바로 학장입니다. 그리고 이 차액의 일부분은 학생들의 등록금으로 충당하는 수밖에 없습니다.

대학의 병원도 예전과 같은 수입을 기대할 수 없습니다. 병원 수입의 감소에는 여러 가지 이유가 있는데, 그중에서도 보험제도의 변화를 대표적인 원인으로 꼽을 수 있습니다. 현재 미국에서는 의료비의 수가를

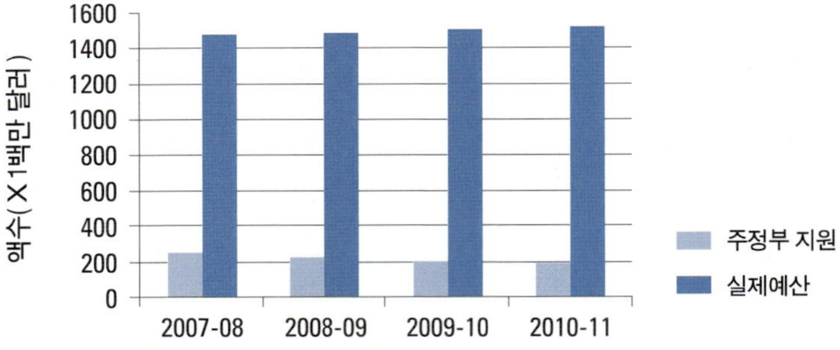

UCLA 의학계열의 주 보조금과 실제 운영자금

보험회사에서 결정합니다. 전체 치료비의 산출 내역에 따라 환자에게 비용을 청구하는 것이 아니라, 진료 절차와 과정에 따라 진료비를 산정합니다. 실제로 미국 내과의사의 경우, 환자 한 사람당 받는 진료비가 60달러(약 7만원)이다 보니 환자를 진료하는 시간도 5분에서 10분 정도로 줄어들 수밖에 없습니다. 그러지 않으면 수지 타산이 맞지 않기 때문입니다.

국가 지원도 줄고 병원 수입도 주는 상황이니 학생들의 등록금이 올라가게 됩니다. 내년 우리 학교의 등록금은 4만 달러이고, 캘리포니아 외의 지역에서 온 학생들은 5만 5000달러를 내야 합니다. 잘 아시겠지만 미국의 대학생들은 부모에게 등록금을 의존하는 일이 거의 없습니다. 자연스럽게 이들이 졸업할 무렵에는 빚이 산더미처럼 쌓이게 되지요. 우리 학교 졸업생들은 대개 25만 달러 내지 30만 달러 정도의 빚을 안게 됩니다. 사립대학에 다니는 학생들의 사정은 더 심각해, 아마 평균 50만 내지 60만 달러 정도의 빚을 질 것으로 판단됩니다.

대학의 사정이 이렇다 보니 교수직을 택하는 학생들이 많지 않습니다. 요즘 대학교수는 비교적 박봉인데다 대학을 졸업하고 3만 달러 정도의 연봉을 받으면서 한 5년간 박사과정을 이수해야 합니다. 거기다 전문의 과정을 거쳐야 하지요. 이 과정이 다 끝나고도 교수 연봉으로는 여유 있는 생활을 하기가 어렵습니다. 그래서 최근에는 대학에서 아예 등록금을 받지 않거나 등록금 납부를 유예해도 유능한 인재를 구하기 어려운 형편입니다.

대학교수들도 부담이 되기는 마찬가지입니다. 대학은 교수들에게 수입 증대를 위한 생산 활동을 암묵적으로 요청합니다. 병원 근무 시간을 늘리도록, 혹은 연구비를 더 확보하도록 지속적인 압력을 가하는 것입니다. 그 결과, 오늘날 일부 교수들은 학생 교육보다는 학교의 수입을 올리기 위한 일에 더 많은 투자를 합니다.

전공 분야의 팽창과 지식 생산의 민주화

오늘날 의학 분야에서는 유전학과 줄기세포, 분자의학, 그리고 생명공학과 나노의학에 대한 연구가 매우 활발하게 전개되고 있습니다. 이렇다 보니 이를 다루는 새로운 과목이 개설됩니다. 예전의 기초 의학 분

> 거의 매일같이 새로운 지식들이 쏟아져 나오는 형국입니다. 이제 이 모든 것을 다 가르치다가는 의과대학 또는 치과대학을 8년제로 해도 시간이 모자랄 지경입니다. 그래서 현재 우리 대학은 학생들의 사고력을 키워주거나, 소위 지적 호기심을 자극해 의학적 과제를 스스로 해결하는 능력을 키우는 데 주안점을 두고 있습니다.

야는 대략 해부학, 생화학, 생리학, 조직학, 병리학, 약리학 등으로 분류되었는데, 의학과 관련된 새로운 학과목이 계속 생겨나면서 교육과정이 훨씬 복잡해졌습니다. 좀 과장하자면 거의 매일같이 새로운 지식들이 쏟아져 나오는 형국입니다. 이제 이 모든 것을 다 가르치다가는 의과대학 또는 치과대학을 8년제로 해도 시간이 모자랄 지경입니다. 그래서 현재 우리 대학은 학생들의 사고력을 키워주거나, 소위 지적 호기심을 자극해 의학적 과제를 스스로 해결하는 능력을 키우는 데 주안점을 두고 있습니다. 또한 이 과정에서 얻은 지식을 웹사이트 등을 통해 응용·확대하여 진정한 자기 것으로 만들고 계발시키는 교과과정을 지속적으로 연구하고 있습니다.

의학 부문에 새롭게 출현한 또 하나의 분야는 게놈Genome 연구입니다. 인간의 게놈 연구가 일단락되면서 모든 질병의 진단과 치료, 나아가 예방까지도 게놈과 유전학으로 해결하게 되었습니다. 이에 따라 각각의 세부 전공 학과가 생기는데 이를 다 가르치기는 어렵습니다.

세월의 변화를 확연히 느끼게 하는 분야는 정보기술입니다. 정보기술은 IT 강국인 한국에서 전혀 낯설지 않을 것입니다. 의학 분야에서도 의과학 교육과 의료 서비스에 정보통신기술을 이용합니다. 휴대폰을 활용해 환자를 진찰하는 일도 그중 하나입니다. 최근 UCLA에서는 휴대폰을 이용해 환자를 진찰하고 결핵을 진단하는 방법이 개발되었습니다. 휴대폰을 이용하여 아프리카에 있는 흑인들의 결핵 진단이 가능해진 것이죠. 그 결과, 아프리카 흑인들 가운데 결핵 환자가 많으며 이는 비타민 D 부족과 연관이 있음을 밝혀냈습니다. 비타민 D가 부족할 때 신체의 면역 기능이 상당히 약해지는데, 흑인들은 멜라닌 색소가 부족하기 때문에 백인에 비해 비타민 D를 만들 수 있는 능력이 떨어지고, 결과적으로 에이즈나 결핵 같은 병이 흑인들에게 많이 생긴다는 것입니다. 이후 지속적이고 집중적인 연구를 바탕으로 위와 같은 지식들은 대중화되었습니다.

또한 예전에는 대학교수들의 강의 내용과 지식을 일반인들이 잘 알 수 없었습니다만 지금은 웹사이트를 통해서 웬만한 내용을 다 찾을 수 있습니다. 예전처럼 전공자의 '권위'를 세울 수가 없는 것입니다. 소위 전공지식이 '민주화' 되어 이제는 많은 사람들이 이를 공유하게 되었습니다. 대학의 재무구조도 마찬가지로 다 공개되지요.

점증하는 빈부 갈등과 불안정한 인력수급 구조

한국도 사정이 비슷하겠지만, 특히 미국은 줄곧 빈부 갈등이 문제가 되

특히 미국은 줄곧 빈부 갈등이 문제가 되어왔습니다. 현재 미국은 의료 개혁 분야의 전문성이 부족합니다. 더욱이 예전에는 드물었지만 지금 과반수인 여성 치과의사는 대부분 출산과 가사 때문에 시간제로 근무하지요. 이런 문제와 맞물려 요즘 미국에는 치과의사가 매우 부족한 실정입니다.

어왔습니다. 미국의 가난한 사람들은 보험도 없습니다. 이번에 미국 정부가 의료 개혁을 단행했는데 사실상 큰 기대를 하기는 어려워 보입니다. 현재 미국은 의료 개혁 분야의 전문성이 부족합니다. 미국에서는 1년에 대략 6,000명의 치과의사가 일선에서 물러나고 있습니다. 반면에 매년 대학에서 졸업하는 치과의사는 4,500명 정도입니다. 결국 해마다 1,500명이 부족하게 됩니다. 더욱이 예전에는 여성 의사가 드물었지만 지금은 과반수 정도가 여성입니다. 여성 치과의사는 대부분 출산과 가사 역할 때문에 시간제로 근무하지요. 이런 문제와 맞물려 요즘 미국에는 치과의사가 매우 부족한 실정입니다.

다행히 최근에는 치과대학이 많이 생기는 추세이기도 하고, 국가적 차원에서 '중위건강관리전문가Mid-level Healthcare Professionals' 라는 특별 인력을 양성하고 있습니다. 고등학교 졸업자들을 대상으로 2년간의 연수 프로그램을 통해 충치 치료 정도가 가능한 인력을 배출하는 것인데, 이 중위건강관리전문가들을 도시에서 동떨어진 지역으로 보내 환자를 살피게 합니다.

다시 물어야 할 대학의 사명과 그 기초

21세기 이전까지 사회를 변화시키는 주동력이 천연자원이거나 기술 발전이었다면, 21세기 이후 사회를 변화시키는 주동력은 '지식Knowledge'으로 표현됩니다. 과학과 기술을 움직이는 주동력이자 사회와 경제, 에너지와 제조, 치안과 건강, 국방과 환경 등을 지배하고 요청하는 것이 바로 '지식' 입니다. 기술 발전 시대의 자원은 쓰면 쓸수록 줄어들지만 지식 정보화 시대의 지식은 활용하면 할수록 더 많은 지식을 생산할 수 있습니다. 예를 들어 수십만 명의 직원을 고용하고 있는 제조회사 GE제너럴 일렉트릭보다도 수천 명의 직원만으로 운영되는 지식 기반 회사 '구글' 과 '야후' 의 파급력이 큽니다. 대학도 지식 산업이 필요합니다. 특히 요즘은 영리대학Profit University이라고 부르는 돈 버는 대학이 많이 생겼습니다. 여기서 중요한 것이 지식의 관리인데 이는 경영 관리와는 차원이 전혀 다릅니다. 기본적인 '지식 관리' 는 지식 창조, 지식 공유, 지식 이용이라는 세 가지 차원으로 구성됩니다.

대학의 사명은 새로운 지식의 창조, 지식을 전달하는 교육, 사회복지를 위한 참여로 요약할 수 있습니다. 우선 대학은 공공연구기관Public Research University으로서 새로운 지식을 창조해야 합니다. 새로운 지식은 우연한 영감에 의해 생겨난다기보다 연구를 통해 창조됩니다. 새롭게 창조된 지식을 교육을 통해 학생에게 전달하고 장차 이 사회를 지고 나갈 지도자를 육성하는 것이 대학의 또 다른 임무입니다. 지식의 창조 및 교육, 전달 과정을 통해 보다 좋은 글로벌 사회를 만들어야 합니다. 그리고 대학은 공공적 참여Civic Engagement 의식을 가지고 사회의 '싱크 탱크' 역할을 해야 합니다. 대개의 경우 사회적 지식인은 대학에 소속되어 있기 때문입니다. 예를 들어보죠. 서울시의 교통 체증 문제는 대학의 토목 기술자 및 생물학자 등과 시민이 함께 고민하고 해결해가야 할 것입니다. 미국도 에너지 문제와 정치적 문제들을 주로 대학에서 연구하고 풀어갑니다. 이처럼 오늘날 대학은 대학 자체의 문제는 물론 사회적 문제의 도전을 받고 있습니다. 이제 대학은 이 많은 문제들을 어떻게 해결할 것인지 모색해야 합니다.

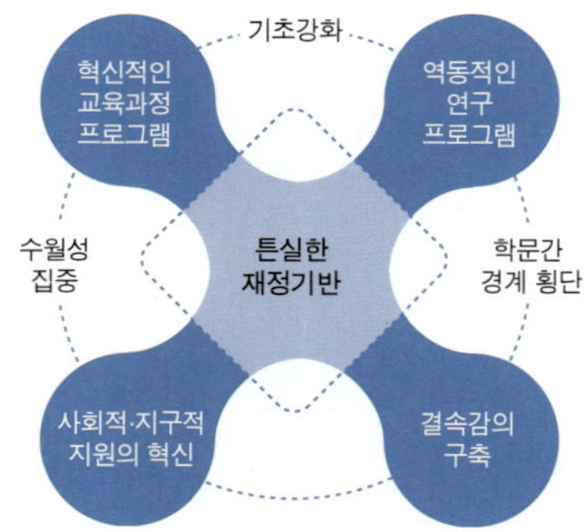

대학의 사명 추진에 필요한 구성 요소

대학은 공공적 참여 의식을 가지고 사회의 '싱크탱크'의 역할을 해야 합니다. 대개의 경우 사회적 지식인은 대학에 소속되어 있기 때문입니다. 오늘날 대학은 대학 자체의 문제는 물론 사회적 문제의 도전을 받고 있습니다.

이 같은 대학의 사명을 실현하기 위해서는 세 가지 기본 구성요소가 필요합니다. 첫째는 기초 다지기Strengthening Foundations입니다. 대학의 기초를 단단히 다져야 하는데, 그러기 위해서는 재정이 확보되어야 합니다. 둘째는 학과 간 벽 허물기인데, 즉 전공 간 혹은 학제 간의 벽을 과감하게 허물어야 합니다. 마지막은 핵심 분야에 대한 집중, 잘할 수 있는 것을 선정하여 이에 집중적으로 투자해야 합니다. 이 세 가지 요소를 실천하기 위해서는 견고한 연구 프로그램의 개발, 혁신적인 교육 프로그램, 대학이 사회와 세계로 나아가 협력하려는 의지, 그리고 대학 내 교수들이 협력하고 교류할 수 있는 커뮤니티가 마련되어야 합니다.

성공적인 사명 추진의 조건

건전한 재무구조와 효율적 예산 운영

대학의 사명을 실천하려면 안정적인 재원 마련이 필요합니다. 안정적인 재정 기반을 위해서는 예산 관리를 절대적으로 잘해야 합니다. 장기적·단기적인 예산과 학문 전략을 수립해야 합니다. 미국에는 교무부총장Provost이라는 직책이 있습니다. 교무부총장은 대학의 교무처장과는 조금 다릅니다. 제가 말씀드리는 교무부총장이란 대학 전체의 프로그램을 관장하는 사람입니다. 학장도 교무부총장이 임명합니다. 교무부총장과 재정부총장, 학장은 예산과 적립금을 토대로 미래 계획을 상의합니다.

비용 대비 효과가 높은 대학 운영에 관해 말씀드리지요. 먼저 교원 인건비의 경우, 학교의 자산을 효율적으로 운용하여 발생 비용을 줄여야 합니다. 무조건적인 감원이 아니라 효율적 운용이라는 점을 강조해두고 싶습니다. 두 번째는 수입 자원의 다변화입니다. 새로운 수익 창출 방식을 다양하게 고안해야 합니다. 의과대학의 재정은 대체로 수업료와 병원 수익에서 발생합니다. 따라서 병원은 항상 환자가 편안함을 느낄 수 있도록 환자 중심의 병원 환경을 조성해야 합니다. 물론 연구도 중요합니다. 미국에서는 국립보건원NIH, National Institutes of Health에서 연구비를 받으면 그중 54%를 추가(연구추가비)로 대학에 지급합니다. 연구비가 많을수록 연구추가비도 많이 받게 되는 것입니다. 이러한 연구추가비는 대학의 연구 프로그램과 재정에 막대한 영향을 줍니다. 또 지속적인 평생교육을 통해서도 많은 수익을 올릴 수 있으며, 로열티와 지적재산권 등도 수익을 내는 주요 방법이 됩니다.

학교 운영 기금을 통해서 재원을 마련할 수 있습니다. 그러나 기금 조성은 쉬운 일이 아닙니다. 학장과 관련 부처장 및 부처의 적극적인 훈련과 노력이 필요합니다. 기부 기금Endowment Fund을 더 만들고 이를 모금하거나 증액하려면 일단 학교 본부가 기금을 이끌어낼 장점을 구비하고 있어야 합니다. 대학 본부가 보유한 장점이 없다면 기금 조성 과정에서 많은 어려움이 발생할 수밖에 없습니다. 언젠가 이런 일이 있었습니다. LA의 조그마한 대학 총장이 저녁을 먹으면서 대학 발전 기금 조성에 관해 제게 이런 이야기를 하더군요. 왜 많은 사람들이 자신이 몸담고 있는 대학에는 기부를 하지 않고 하버드, 예일, 스탠퍼드, UCLA, 버클리 같은 유명 대학에만 돈을 주느냐고 말이지요. 저는 솔직하게 말했습니다. 기금을 조성하기 위해서는 그 대학만의 창의적이고 독창적인 연구 프로그램 등을 개발해야 한다고 말입니다. 연구사업의 동반자로 기부자를 '초대' 해야만 기부금을 모을 수 있습니다.

실제로 기금을 조성하기 위해서는 정말 많은 시간이 필요합니다. 한국처럼 총장과 학장이 자주 바뀌는 경우에는 기금 조성 사업이 매우 힘들어집니다. 모금은 크게 네 가지로 분류할 수 있습니다. 기증Gift, 기부

기부 기금을 모금하거나 증액하려면 일단 학교 본부가 기금을 이끌어낼 장점을 구비하고 있어야 합니다. 연구사업의 동반자로 기부자를 '초대' 해야만 기부금을 모을 수 있습니다. 정말 많은 시간이 필요합니다. 총장과 학장이 자주 바뀌는 경우에는 기금 조성 사업이 매우 힘들어집니다.

Donation, 개발기금Development Fund, 거액 기증Major Gift이 그것입니다. 기증은 아무 조건 없이 주는 것, 기부는 원인이 있어 대가 없이 내놓는 것을 말합니다. 매년 동창들을 대상으로 벌이는 기금 조성 사업이 기부의 예라 할 수 있습니다. 개발기금은 개발 사업에 필요한 자금 조달 방법을 모색하는 것을 말합니다. 개발기금의 경우 학교는 개발기금자와 지속적이고 장기적인 관계 유지가 가능하며 많은 액수의 대학 기금을 조성할 수 있다는 장점이 있지요. 거액 기증은 정기적으로 기부하는 것이 아니라, 일생에 한 번 큰 의미를 부여해 일반적인 기부액의 10배 내지 20배 정도의 금액을 기부하는 것입니다.

실효성 있는 사회적 참여

한편, 대학의 지식은 IT 발전으로 '민주화' 되고 대학에는 사회적 책임이 부과되었습니다. 이제 대학은 글로벌 세상에서 적극적인 사회진출, 즉 사회적 지원활동Societal Outreach을 수행해야 합니다. 이제부터는 소위 사회의 싱크 탱크 역할을 해야 합니다. 사회 문제들은 지자체와 정부에서 하는 것이 아닙니다. 지식의 '두뇌' 들이 모여 있는 대학에서 담당해야 합니다. 사례 하나를 들어보겠습니다. 어느 날 디몬트 드라이버라는 12살 아이가 죽었습니다. 아이에게 충치가 생겼는데 이를 치료하지 않아서 농양이 생겼고 결국 뇌막염으로 사망했습니다. 병원에서는 메디케이드Medicaid(저소득층과 장애인을 위한 미국 주 정부의 건강보험) 환자였던

이 아이에 대해 치료비를 많이 받을 수 없었고, 아이는 몇몇 병원을 전전했지만 치료를 거부당하고 어느 날 갑자기 죽은 것입니다. 이 사실이 알려지면서 미국 사회가 떠들썩해졌습니다. 국회의원을 비롯한 미국 내 여론들이 대학의 사회적 책임에 대해 문제를 제기했습니다. 치료 접근Treatment Access이라고 하는 것인데요, 즉 대학은 사회적 치료의 문제점을 파악하고 해결 방안을 모색해야 했던 것입니다. 결국 이 문제가 대학의 책무로 남았습니다. 그리고 그것은 우리 UCLA의 임무이자 사명이기도 합니다.

아울러 대학은 돈 없는 학생들에게 교육의 기회를 제공하기 위해 우선적으로 장학금과 학자금 대출을 해줘야 합니다. 대학의 기부기금으로 장학금을 주면 되겠지요. 그러나 UCLA 치과대학의 경우, 1년에 250만 달러를 학생들에게 장학금으로 주지만 이들의 학비를 충당하기엔 모자랍니다. 학교에서 은행을 만들어 학생들에게 무이자로 대출을 해주고 졸업 후에 갚도록 하는 방안도 모색했지만 주립대학이라 허가가 나지 않았습니다.

대학이 해야 할 일은 이뿐만이 아닙니다. 대학은 스스로 자신들의 마케팅을 해야 합니다. 대학의 능력과 잠재력을 끊임없이 사회에 알려야 합니다. 그러지 않으면 사회로부터 받는 부정적 시각, 등록금 인상과 재정 문제에서 벗어날 수 없습니다. 제가 재직중인 대학은 마케팅 작업을 많이 합니다. 가령 "UCLA는 캘리포니아의 주된 경제적 동력Engine이 실제로 UCLA는 주 예산보다 세금을 많이 냅니다. 또한 일자리 창출에도 많은 기여를 하합니다. 병원과 대학의 공사 등에서 엄청난 부수효과가 나기 때문입니다. 대학에선 이런 사실을 크게 홍보하고 있습니다.

다"라고 마케팅하는 것이지요. 실제로 저희 대학은 주 예산보다 세금을 많이 냅니다. 또한 일자리 창출에도 많은 기여를 하고 있습니다. 병원과 대학의 공사 등에서 엄청난 부수효과가 나기 때문입니다. 우리 대학은 이런 사실을 크게 홍보하고 있습니다. 이러한 노력들이 일반 대중들에게 우리 대학의 사회적 필요성과 중요성을 각인시키는 방법이기 때문입니다.

우수교원 확보와 연구여건의 향상 · 강화

대학에서 교수는 하나의 주요 자산입니다. 한 가지 예를 들어보겠습니다. 뉴욕 양키스 야구단의 데릭 지터Derek S. Jeter는 팀의 명성을 높여주고, 팀에 공적을 남기며 팀의 순위도 올려줍니다. 아이들의 우상이 되기도 하고 팬과 관객들을 유쾌하게 만들어주기도 합니다. 이런 핵심 인재들의 사회적 지명도는 점점 더 높아지고, 이에 따라 더욱 많은 팬들이 열광하게 됩니다. 그리고 구단은 이들로 인해 많은 돈을 벌게 됩니다. 티켓 판매는 물론, 텔레비전 중계료, 음식과 음료, 모자나 셔츠 판매 수입 등 모든 면에서 그렇습니다. 그러니 지터와 같은 선수들은 그 팀의 주요 자산입니다. 뉴욕 양키스에서 그에게 2천만 달러의 연봉을 주는 것은 그 때문입니다.

저는 대학교수도 다르지 않다고 생각합니다. 교수는 지식을 창조함으로써 대학의 명성을 올려주는 사람들입니다. 이들은 훌륭한 교육 프로그램을 마련하고 질 좋은 의료 서비스를 제공하여 대학의 순위를 올려줍니다. 학생들의 우상이 되기도 하지요. 대학에 명성 있는 교수들이 있으면 학생들은 저절로 그 대학으로 몰리게 되어 있습니다. 외람된 말씀이지만, 만약 경희대학교에 노벨상을 받은 분이 재직한다면 학교 분위기가 현저히 달라질 것입니다. 연구비 지원이 늘어나 학교의 재정도

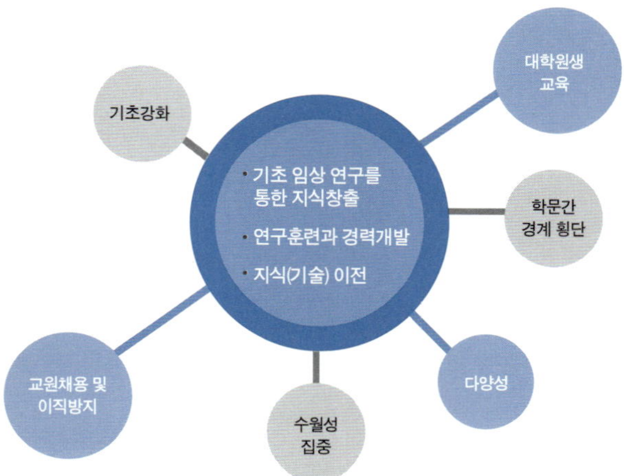

연구의 핵심 3요소

연구란 단순 지식을 창조하는 연구가 아닙니다. 대학이 지식을 축적하고 있기만 하면 아무 소용이 없습니다. 그것을 사회에 전달하고, 사회는 이를 적극적으로 수용해서 활용해야 합니다. 이렇게 볼 때, 지식 전수는 연구의 매우 중요한 부분을 차지한다고 할 수 있습니다.

좋아지겠지요. 그렇기 때문에 대학에서 교수는 주요 자산이 될 수밖에 없습니다. 우수한 교수진의 확보는 대학의 사명을 성공적으로 이행하는 데 가장 필수적인 조건입니다.

데릭 복Derek Bok은 제가 하버드대학교에 재직할 당시 총장이었습니다. 그는 늘 대학의 최대 자산은 연구이며 학자의 힘을 표출하는 것도 결국은 연구라고 말하곤 했습니다. 그가 말하는 연구란 단순 지식을 창조하는 연구가 아닙니다. 다음과 같은 세 가지 요소의 집합체라는 것이지요. 첫째는 흔히 말하는, 기본적이고 전통적인 탐구를 통해서 지식을 창조하는 것, 둘째는 연구와 훈련을 통한 경력 발전과 후학 양성입니다. 대학에서 박사과정 혹은 박사 후 과정 학생을 가르치고 지도하는 것도 중요한 연구의 하나라는 의미입니다. 셋째는 기술지의 효율적인 이전Technology Transfer입니다. 대학이 지식을 축적하고 있기만 하면 아무 소용이 없습니다. 그것을 사회에 전달하고, 사회는 이를 적극적으로 수용해서 활용해야 합니다. 이렇게 볼 때, 지식 전수는 연구의 매우 중요한 부분을 차지한다고 할 수 있습니다.

한 예로, 저희 대학의 대표적인 암 연구 프로젝트를 소개해보겠습니다. UCLA 암센터에는 '폐암 · 전립선암공동연구프로그램Lung and Prostate Cancer SPORE Program' 이 있습니다. 1년에 1억 달러를 지원받는 대규모 프로젝트입니다. 미국 국립보건원에서 각각 연구비를 받은 캘리포니아나노시스템연구소, 임상전환과학연구원Clinical and Translational Science Institution, 줄기세포연구소, 관련 학과가 함께 연구를 진행합니다. 생명공학과 재생의학 분야에서는 줄기세포를 가지고 조직을 재생하는 연구를 진행합니다. 이처럼 암 연구를 위해 여러 전공 분야가 함께 공동 연구

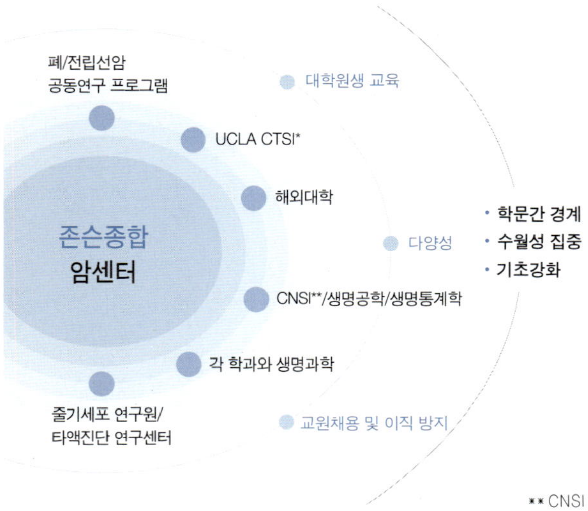

* CTSI : 임상중개과학연구소
** CNSI : 캘리포니아나노시스템연구소

UCLA의 학제 간 암 연구팀 구성

연구를 중요시 여기는 풍토는 하루아침에 이루어지지 않습니다. 우선, 비싼 비용을 치르더라도 우수한 연구자들을 모으는 일에 과감하게 투자하고 나서 제대로 된 보상제도를 만들어야 합니다. 월급 인상 및 보상제도, 연구비 지원 제도 등을 마련하고 적극적으로 운영해야 합니다.

를 진행합니다. 공동연구를 통해 각 분야는 시너지 효과를 창출할 수 있습니다. 이러한 활동에 참여하는 사람들이 대학의 교수라는 것을 항상 염두에 둬야 할 것입니다.

앞선 사례처럼 대학은 연구를 중요시 여기는 풍토를 조성해야 합니다. 하지만 이러한 문화적 풍토는 하루아침에 이루어지지 않습니다. 우선, 비싼 비용을 치르더라도 우수한 연구자들을 모으는 일에 과감하게 투자해야 합니다. 그러고 나서 제대로 된 보상제도를 만들어야 합니다. 월급 인상 및 보상제도, 연구비 지원 제도 등을 마련하고 적극적으로 운영해야 합니다.

대학 리더와 교수진의 역할과 참여

헨리 키신저Henry Kissinger는 대학처럼 정치적인 곳이 없다고 했습니다. 하버드대학의 정치학 교수였던 그가 정치에 입문하려 할 때 주위 사람들은 그를 많이 걱정했습니다. 그때 키신저가 이렇게 말했습니다. “대학 정치는 이해관계의 폭이 좁기 때문에 치열합니다University politics are vicious precisely because the stakes are so small." 그의 이 말은 대학 학장의 현재적 위치와 그를 둘러싼 주위의 환경을 함축적으로 보여 줍니다. 대학의 학장들이 상대하는 사람들은 매우 다양합니다. 의사협회와 치과협회, 대한치과협회, 대한의사협회, 대한한의사협회 같은 각 기관의 단체장, 국회, 교수, 학생, 교직원 등을 모두 상대해야 하지요. 이 사람들은 각각 관심도 다르고 추구하는 목적도 다릅니다. 관심과 목적이 다른 이 사람들의 이해를 충족시키며 일해야 하기 때문에 학장은 그들의 공통분모가 무엇인가를 늘 고심하게 됩니다. 또 학내에 노동조

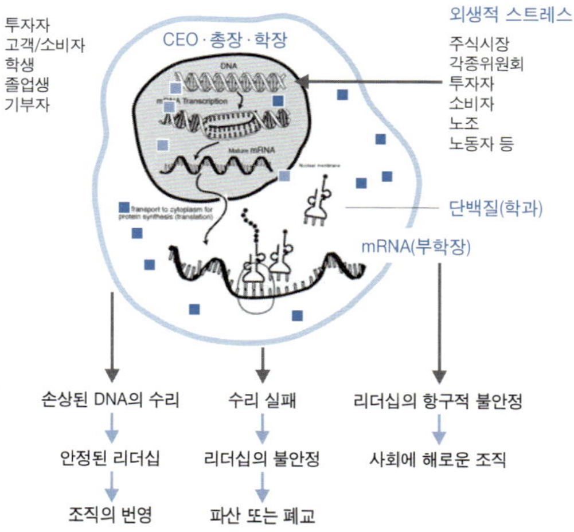

대학 조직의 리더십과 신진대사

합이 있다면 노조 측과도 좋은 관계를 유지해야 합니다. 그만큼 학장은 다른 직위보다도 탁월한 리더십이 필요합니다. 특히 대학에서 안정된 리더십은 매우 중요합니다.

이 점을 세포에 비유해 설명해보겠습니다. 여기 DNA가 있습니다. DNA가 소위 메신저 역할을 하는 RNA를 만든 후 단백질을 만듭니다. 그런데 DNA는 항상 외부에 의해 스트레스를 받습니다. DNA가 계속 손상될 때 그것을 바로잡아주는 역할을 하는 것이 단백질입니다. 잘 고쳐지면 DNA가 수정되어 세포가 정상 사이클로 돌아가면서 분열도 제대로 이루어집니다. 그런데 이것이 제대로 '재생' 되지 않으면 세포가 죽든지 혹은 DNA 돌연변이가 와서 결국 다른 형태의 세포로 변하게 됩니다.

제가 여기서 이 말씀을 드리는 이유는 간단합니다. 바로 이 구조가 현재 대학 조직과 유사하기 때문입니다. 여기서 DNA란 회사로 가정하면 CEO, 대학교로 하면 총장, 단과대라면 학장입니다. 메신저 역할을 하는 RNA는 전체 조직에서 '부副' 자가 들어가는 직책이라고 할 수 있습

총장 또는 학장은 기금 모금과 같은 문제로 계속 스트레스를 받고 상처를 입게 됩니다. 이때 우수한 교수들이 좋은 의견을 모아 이 사람을 도와주게 되면 당연히 그는 안정적인 지도력을 확보하게 됩니다. 그에 따라 대학 조직도 번영하게 되지요.

니다. 부학장, 부총장 등이 여기에 해당하지요. 그리고 여기서 만들어지는 것이 바로 단백질이며, 그 성장 인자는 학교에 투자한 사람들과 기부자들입니다. 대학으로 보면 재학생과 졸업생, 기부자가 성장 인자인 셈입니다. 단백질은 바로 교수입니다. DNA를 대학의 총장 또는 학장으로 봅시다. 그는 기금 모금과 같은 문제로 계속 스트레스를 받고 상처를 입게 됩니다. 이때 우수한 교수들이 좋은 의견을 모아 이 사람을 도와주게 되면 당연히 그는 안정적인 지도력을 확보하게 됩니다. 그에 따라 대학 조직도 번영하게 되지요.

UCLA 치과대학 캠퍼스(위)와 부설 치과병원

질의응답

김운호 대외협력처장 지금 우리 대학도 보다 체계적으로 발전 기금을 조성하기 위해 준비 중입니다. 오늘 학장님 말씀을 들으면서 많은 것을 배울 수 있었습니다. 우선 몇 가지 기본적인 사항에 대해 여쭙고 싶습니다. 현재 UCLA 치과대학의 전체 규모, 즉 교수와 학생들의 숫자가 어느 정도인지, 그리고 병원의 실제 규모는 어느 정도인지 궁금합니다. 아울러 학장님께서 여러 가지 기금 조성 방법에 대해 많이 말씀해주셨는데, 일상 시간의 몇 퍼센트 정도를 이 업무에 할당하고 계신지 알고 싶습니다. 마지막으로, 한국과 미국의 상황은 다르겠지만 UCLA에서 기금 조성 관련 담당 부서가 이룬 성공 사례에 대해 말씀을 듣고 싶습니다.

박노희 학장 우리 학교는 치과대 학생만 1·2학년이 각 88명, 3·4학년은 각 100명인데 전문의 과정에 있는 치과의사들이죠. 박사학위 과정과 석·박사학위 통합과정에 있는 학생들은 50명쯤 됩니다. 외국 학생들이 100여 명이고 교수는 풀타임이 100명, 파트타임 강사는 300명 정도 됩니다. 파트타임 강사 300명 가운데 100명 정도는 월급을 받는 사람들이고, 나머지는 자기가 정한 날짜에 나와서 도움을 주는 자원봉사자들입니다. 그리고 제가 기금 조성 일에 할애하는 시간은 전체 근무 시간의 30% 정도 됩니다. 그런데 학장이 세부적인 일을 전부 맡아서 하게 되면 그렇게 할 수가 없습니다. 학장과 총장은 학교 밖으로 나가야 합니다.

다음 질문으로, 기금 조성에 성공한 사례를 들어 달라고 하셨지요? 제가 아는 유태인 변호사가 한 분 계십니다. 그분이 우리 학교에 크게 기부하는 것은 알았지만, 저와 상관없는 일이라 처음에는 그분에게 별로 관심을 갖지 않았습니다. 그런데 한번은 그분이 저에게 5만 달러를 보내며 마음대로 쓰라고 했습니다. 그래서 이 돈을 가지고 그분의 이름을 딴 장학금을 만들었습니다. 그리고 장학금 수여식 날 그분을 모셨습니다. 그런데 5만 달러라는 금액은 1년이 지나봐야 2,500달러 정도밖에 장학금이 조성되지 않습니다. 2,500달러를 장학금으로 주는 것이 다소 무안했는지 얼마 후에 그분이 10만 달러를 보내왔습니다. 저는 그 돈을 다시 장학금에 넣었지요. 그리고 얼마쯤 지났을 때 자기 집에서 일 봐

주는 사람이 치과 치료를 받아야 한다고 연락이 왔습니다. 그래서 제가 우리 병원에서 진료를 받게 하고, 2만 5천 달러 정도 되는 그 환자의 치료비를 받지 말라고 했습니다. 그랬더니 또 전화가 왔었습니다. 진료비가 얼마냐고 묻기에 “신경 쓰지 마십사 말씀드렸더니” 이틀쯤 뒤에 다시 제게 20만 달러를 보내왔습니다. “I think this will enough for your treatment.”(제 생각엔 치료비가 이 정도는 돼야 할 것 같네요)라는 문구와 함께 말이죠. 저는 그 돈을 안 쓰고 또 장학금에 집어넣었습니다. 그렇게 모인 돈이 한 50만 달러 됩니다. 그 후에는 그분과 밥도 같이 먹으며 친해졌습니다. 그리고 이분이 무엇에 관심이 많은지 제 나름대로 고민하면서 이후에도 많은 기금을 적립할 수 있었습니다.

예를 하나 더 들어볼까요? 제가 가장 빠른 시간에 100만 달러를 기부받은 적이 있었습니다. 기부 사업에 관심이 많은 중국인이었죠. 처음에는 15만 달러를 기부 받았는데, 그즈음 저희 집으로 초대를 해서 총장님과 함께 저녁식사를 했습니다. 그 자리에서 총장님 부부를 소개시켜 드렸지요. 사실 UCLA 총장이면 상당히 사회적 위치가 있는 분입니다. 그날 총장님이 함께 사진도 찍고 하니 감격스러웠나 봅니다. 그 다음날 그분께 100만 달러 기부를 부탁했는데 두말없이 들어주시더군요. 실제로 일부 사람들은 총장처럼 사회적 지위가 있는 사람들과의 친분 관계를 중요하게 받아들입니다. 이런 것을 잘 파악해도 좋을 것 같습니다.

이준규 재정부총장 학장님, 말씀 잘 들었습니다. 미국 주립대학의 경우, 주 정부 지원이 지속적으로 줄면서 재정적으로 상당한 압박을 받았을 것입니다. 대학의 재정 문제를 단기적으로는 어떻게 대처했는지, 또 장기적으로는 어떤 준비를 했는지 궁금합니다. 저희도 최근 반값 등록금 요구 등으로 재정적인 압박이 예상되는데, 학장님의 말씀을 통해 교훈을 얻고 싶습니다.

박노희 학장 미국 대학들의 경우 1960년대 말까지는 정부로부터 지원을 받아서 재정적 압박이라는 게 없었습니다. 특히 주립대학들은 규모가 작은 대학이라도 별 문제가 없었습니다. 미국 대학에 재정 문제가 발생한 것은 미국의 첫 재정 위기가 온 1970년대부터죠. 역사적으로 볼 때 미국은 대략 6~8년마다 재정 위기를 맞는데, 제가 학장이 되던 해에 보니까 얼마 남지 않았었습니다. 그래서 저는 대학의 수입원을 단순히 정기적인 기금에 의존하지 않도록 다변화시켰습니다. 지금도 우리 대학은 독립채산제입니다. 과거를 보면 미래를 알 수 있습니다. 저는 과거의 교훈을 통해서 장기적으로 미래를 준비해왔습니다. 단기적으로는 담당자들과의 활발한 소통을 통해서 분명한 계획과 재정의 투명성을 유지하는 것이 필요합니다. 그것이야말로 대학이 신뢰감을 쌓을 수 있는 궁극적 방안이며 재정 책임자들의 책임의식을 견인할 수 있는 가장 좋은 방법이기 때문입니다.

우응제 미래정책원장 학장님께서는 대학에서 교수의 역할이 중요하다고 말씀하셨습니다. 교수들의 성과와 역량, 열정 등을 어떻게 관리하시는지 궁금합니다.

박노희 학장 우리 학교는 두 가지 방식으로 교수들을 평가하고 관리합니다. 하나는 학생들의 교육 평가인데 의외로 매우 정확합니다. 그리고 동료 교수들이 하는 재평가도 나름대로 도움이 됩니다. 이 외에 3년에 한 번씩 하는 연구 실적, 연구비, 논문 출판에 대한 평가가 있습니다. 여기서 평가 점수가 나쁘면 연봉과 진급에서 불이익을 받게 됩니다. 가령 진급의 경우, 조교수는 총 네 단계, 부교수는 세 단계, 정교수는 아홉 단계의 승급 과정이 있습니다. 아홉 개의 모든 단계를 거친 정교수는 석좌교수Distinguished Professor가 됩니다. 현재 UCLA의 석좌교수는 20명 정도 됩니다. 치과대학에서는 제가 제일 먼저 석좌교수가 됐는데 직급이 하나 올라갈수록 연봉도 5,000달러씩 올라가게 됩니다. 소위 능률제 승급이지요. 승진의 경우, 조교수에서 8년 안에 부교수가 되어야 되는데, 나이나 재직 연한이 되었다고 무조건 승진되는 것이 아니라 연구비, 출판, 교육 평가, 대학 봉사 등에 대한 평가에 따라 승진 여부가 달라집니다. 대학교수의 성과와 역량에 대한 검증 절차는 절대로 녹록하지 않습니다.

강연자 소개

박노희 No-Hee Park

한국 출신의 세계적인 치의학 권위자로서, 하버드대 교수로 재직하다 1984년부터 UCLA 치과대와 의과대 교수로 재직 중이다. 학장 재임 중 정부 지원이 축소되는 상황에서도 예산을 대폭 확충하고 대규모 기금 모금 캠페인을 벌이는 등 탁월한 재무 관리 능력으로 만성 적자에 허덕이던 UCLA 치과대학을 흑자로 바꾸어놓았다. 또한 교육구조와 커리큘럼에 대한 모범적이고 혁신적인 교육개혁을 단행하고, 기반 시설을 대폭 늘렸으며, 세계적 치의학 교수진을 대폭 채용하는 한편 대학 개혁에 구성원들의 의견을 적극 반영했다. 이런 탁월한 리더십을 통해 UCLA 치과대학은 세계 최고의 연구중심 대학으로 변모했다. 2009년에는 '박노희 석좌교수제' 가 도입되기도 했다.

연구자로서도 암 생물학 분야에서 뛰어난 업적을 남긴 박노희 학장은 DNA 복구의 메커니즘 및 세포 노화 과정의 메커니즘을 연구해왔다.

미국국립보건원NIH의 Grant review 위원회 위원이며, *International Journal of Oncology, Electronic Journal of Biotechnology, Odontology, Critical Review of Oncogenesis* 등 해외 유수 저널의 편집위원으로도 있다.

서울대학교 치의학 학사(1968) 및 석사(1971), 조지아대학교 약리학 박사(1978), 하버드대학교 치의학 박사(1982) 학위를 받았다. 1998년 UCLA 최초의 한국계 치과대학 학장으로 임명된 이래, UCLA 치과대학 최장수 학장이자 가장 권위 있는 학장으로 주목받고 있다. 2001년 국제 치과연구학회IADR로부터 치의학계의 노벨상이라 불리는 '뛰어난 과학자상'을 수상했고, 2002년과 2007년에 '자랑스러운 서울대인'으로 선정됐으며, 2010년 치의학교육 분야 최고 권위인 '가이스Gies' 상을 수상했다.

융합과학연구의 전망

예일 웨스트캠퍼스의 경우

스콧 스트로벨
예일대학교 웨스트캠퍼스 부총장

2부는 2011년 11월 4일 경희대학교 법학관 국제회의실에서 개최한 '21세기 미래대학을 말한다/Global Eminence 2020'에서 스콧 스트로벨 예일대학교 웨스트캠퍼스 부총장이 "예일대학교 웨스트캠퍼스: 융합과학연구에 대한 전망"(Prospects for Convergence in Scientific Research: in the Case of Yale University)을 주제로 강연한 내용을 담았습니다.

오늘 이 자리에 저를 초청해주시고 또 이 자리에 참석해주신 모든 분들께 감사드립니다. 아름다운 경희대학교 캠퍼스를 직접 방문하게 되어 매우 기쁩니다. 그리고 21세기의 명문으로 거듭나기 위해 경희대학교가 추진하고 있는 다양한 활동을 보며 감명을 받았습니다. 예일대학교는 1701년에 설립된 대학입니다. 오늘 저는 미국에서 두 번째로 오래된 전통을 가진 대학으로서 예일대학교가 '혁신' 이라는 화두를 어떻게 받아들이고 있는지 말씀드리겠습니다.

전략적 원칙

먼저 예일대학교의 목표와 우선순위, 전략이 무엇인지 설명드린 뒤에 웨스트캠퍼스에 대해 말씀드리겠습니다. 참고로 웨스트캠퍼스는 예일대학교가 새롭게 추진하고 있는 확장 프로그램의 하나입니다. 예일대학교의 가장 중요한 목표는 인문대학으로서 강력한 입지를 유지하고 더욱 심화한다는 것입니다. 예일대는 예일칼리지라는 메인 캠퍼스에 학부 캠퍼스가 있습니다. 이 메인 캠퍼스가 저희 예일대의 중심 공간입니다. 그리고 의학이나 공학 등 여타 분야도 학부 캠퍼스, 그리고 대학 프로그램의 일부로 인식하여 발전하고 있습니다. 실제로 기숙대학 Residential College 두 개를 확장하는 등 최근 수년 동안 캠퍼스를 계속 확장하고 있는데, 그중에서도 이공계 프로그램 확장에 노력을 집중하고 있습니다.

예일대는 이미 인문학 분야에서 정평이 나 있습니다. 또한 전 세계적으로 가장 우수한 대학 중 하나이기 때문에 이공계 분야에서도 꽤 발전을 거듭하고 있습니다. 그리고 예일대에는 대학병원이 있습니다. 저희가 소유한 것은 아닙니다만 뉴헤이븐New Haven병원이라는 데도 있지요. 저희가 추구하고 있는 목표 중 또 하나는 환경 분야의 연구·교육에서도 글로벌 리더십을 확보하자는 것입니다. 예컨대 자매결연을 맺은 싱가포르국립대에 예일대 관련 프로그램을 확대함으로써 싱가포르에서도 예일대 졸업장을 받을 수 있도록 노력하고 있습니다. 예일대는 학술적 자원을 교내에 보유하는 데 그치지 않고 이를 온라인화하여 전 세계에 전파하는 일에도 앞장설 계획입니다. 이런 것들이 예일대의 전략적 목표들이라고 할 수가 있습니다.

선택적 집중, 연계성 강화, 대범함과 대담함

이러한 목표를 달성하기 위해서 예일대는 여러 가지 전략적 원칙들을 수립하고 있습니다. 우선 저희 대학이 모든 것을 다 할 수는 없기 때문에 선택적 집중이라는 전략을 택했습니다. 가장 강화하려는 학문 분야에 힘을 집중하는 것이지요. 일종의 타협이라고 생각할 수도 있겠지만 사실 모든 분야에서 1위를 할 수는 없습니다. 따라서 저희가 수월성을 갖고 있는 분야를 더욱 심화하여 그 수월성을 유지하고 리더십을 지속시키는 것을 원칙으로 삼고 있습니다. 두 번째 원칙은 연계성connectivity을 강화해나가는 것입니다. 이미 저희가 투자하고 있는 분야나 프로그램 간의 연계성을 강화하여 전체적인 역량을 배가시키자는 전략입니다. 그리고 세 번째는 결정을 내릴 때 대범함과 대담함을 잃지 않는다

우선 첫 번째 전략적 원칙은 선택적 집중, 두 번째 원칙은 연계성을 강화해나가는 것, 세 번째는 대범함과 대담함을 잃지 않는다는 것입니다.

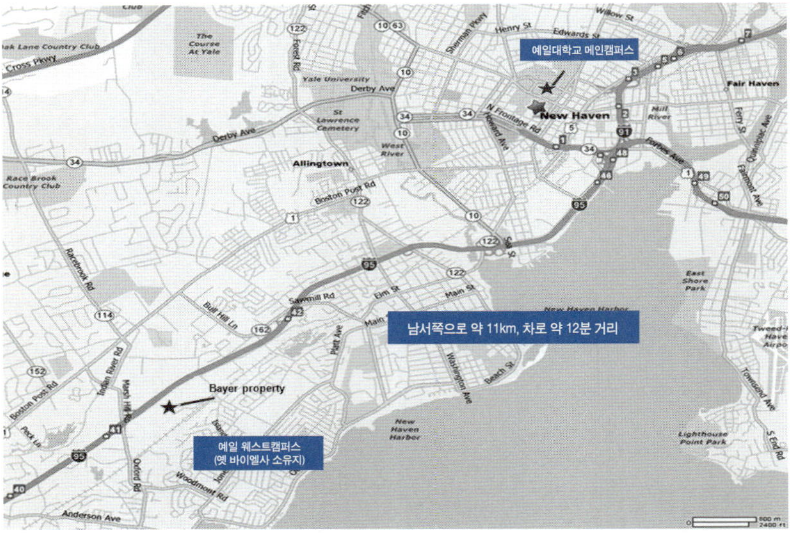

예일대학교의 두 캠퍼스가 위치한 뉴헤이븐 지역도

는 것입니다.

지금 보시는 지도가 뉴헤이븐New Haven이라는 지역의 지도입니다. 코네티컷 주의 뉴욕 바로 동쪽 중심부입니다. 보스턴과 뉴욕시티 중간쯤 고속도로가 지나가는 교차 구간에 위치하고 있습니다. 저희 문리과대학이 바로 여기에 있고 그 남쪽에 의과대학이 위치해 있습니다. 문리과대학과 의과대학이 도로 하나를 중심으로 나뉘어 있습니다. 95번 고속도로를 가다가 41번 나들목으로 나가면 R&D센터가 자리잡고 있습니다. 경관도 아름답고 최근 설립된 건물들이 있는 이곳이 바로 136에이커(약 55만 평방킬로미터)규모의 웨스트캠퍼스입니다.

이런 일들이 어떻게 진행되었는지 말씀드리지요. 2006년도에 뉴헤이븐에 있던 바이엘 제약회사가 다른 곳으로 이전하게 되었습니다. 바이엘사에서 R&D센터와 제약연구시설을 매각하려고 했는데 1년 동안 매수자가 나타나지 않습니다. 몇몇 부동산 개발회사가 관심을 보이기는 했습니다. 아마 이 회사들이 건물을 샀다면 이 훌륭한 연구시설을 무너뜨리고 다른 건물을 지었을 겁니다. 바이엘사는 이 시설들이 R&D 활동에 계속 사용되기를 바랐기 때문에 저희에게 접촉을 하면서 여러 가지 유리한 조건을 제시했습니다. 2007년, 저희는 이 건물을 총 1억 800만 달러에 매입했습니다. 건물 17개가 포함된 100여 에이커에 달하는 부지를 1억 달러에 매입했다는 것은 굉장히 저렴한 가격에 인수한 것입니다.

2008년도 10월에 웨스트캠퍼스의 개발을 담당하게 될 부총장직이 새롭게 신설되었습니다. 저의 현재 직함이 바로 그 직함입니다. 여러 가지 정치적인 이해 상충을 조율할 사람이 웨스트캠퍼스에 필요하다고 생각해서 예일대 차원에서 부총장직을 만든 것입니다. 환경학과 학과장을 지낸 마이클 도너휴Michael Donoghue 학장이 초대 부총장직을 맡았으며 2011년 1월부터 제가 이어서 맡게 되었습니다.

지금 보시는 것이 웨스트캠퍼스의 조감도입니다. 저 뒤로 보이는 지역이 뉴헤이븐 지역이고 거기에 예일의 메인 캠퍼스가 있습니다. 앞쪽

예일대학교 웨스트캠퍼스 전경

에 있는 미개발 지역은 아직도 신축공사가 가능한 지역입니다. 왼쪽은 바이엘사의 행정건물이 있는 지역이며 6개 연구단지가 들어서게 됩니다. 건물도 아주 아름답고 숲과 호수도 갖추고 있습니다. 뉴욕과 보스턴을 잇는 열차도 지나갑니다. 조경이 잘된 아름다운 캠퍼스 모양을 이미 갖추고 있었던 지역입니다.

토마스 제퍼슨 대통령이 루이지애나 매입 여부를 결정했던 상황과 저희가 바이엘사 부지 매입을 결정한 상황이 비슷할 겁니다. 예일대가 이 부지를 사지 않았으면 어떻게 되었을까요? 제퍼슨 대통령이 루이지애나를 사지 않았다면 어떻게 되었을까요? 그랬다면 아마 캐나다가 북

> 예일대가 웨스트캠퍼스를 매입할 기회를 놓치지 않은 것은 큰 행운이었습니다. 이런 어마어마한 결정을 단행한 것은 저희에게 주어진 자원을 십분 활용한 결정이었습니다.

미지역을 다 지배하고 있을지도 모릅니다. 그만큼 예일대가 웨스트캠퍼스를 매입할 기회를 놓치지 않은 것은 저희에게 큰 행운이었습니다.

미국 역사에서 제퍼슨 대통령이 프랑스령의 루이지애나를 매입한 건 역사적 사건입니다. 미시시피 강의 서부지역 전체, 그러니까 제 고향인 몬태나 지역까지 다 매입하게 되었지요. 그 덕분에 미국은 아메리카 대륙의 서부 연안에서 동부 연안까지 아우르는 거대 국가가 된 겁니다. 말하자면, 리차드 레빈Richard Levin 총장이 예일대의 제퍼슨 대통령이었던 셈입니다. 이런 어마어마한 결정을 단행한 것은 저희 학교의 역사상 아주 훌륭한 일이었으며, 저희에게 주어진 자원을 십분 활용한 결정이었습니다.

예일대학교 웨스트캠퍼스 개요

웨스트캠퍼스에 대해 간단히 말씀드리겠습니다. 아까 말씀드린 것처럼 136에이커(약 55만 평방킬로미터)에 달하는 부지에 17개 빌딩과 2,750개의 주차 공간이 있습니다. 연구실이 43만 4천 제곱피트(약 13만 2천 평방

숫자로 본 웨스트캠퍼스	55만 km^2, 17개동, 2,750대 규모의 주차공간	
연구실험실	132,000	평방미터
행정동	10,000	평방미터
특별저장시설 [A-21]	13,000	평방미터
일반저장시설 [A-21]	7,833	평방미터
캠퍼스지원시설	32,000	평방미터
여타부대시설(탁아, 교육)	9,763	평방미터
총 건면적	490,000	평방미터

웨스트캠퍼스 규모와 부대시설 개관

미터), 행정실이 34만 6천 제곱피트(약 10만 평방미터)를 차지하며, 그 외에도 특수 보관 공간, 일반 보관 공간 등이 다양하게 있습니다. 전체적으로 거의 160만 제곱피트(약 49만 평방미터)에 해당하는 건물 지역이 하루아침에 생긴 겁니다.

대개 대학이 확장을 할 때는 우선 교내 핵심 인사들이 모여서 일련의 계획안을 만들게 됩니다. 이에 따라 부지를 매입하고 건물을 지은 후 학생들을 모집하는 과정을 거칠 겁니다.

저희는 이 과정이 정반대의 순서로 이루어졌습니다. 이 캠퍼스를 매입할 당시만 해도 저희는 여기서 무엇을 할지 몰랐습니다. 가격이 너무 싸서 부동산 자산만으로도 아주 매력적이고 이것이 훌륭한 기회라는 것만 확실했습니다. 제퍼슨 대통령이 루이지애나를 가지고 무엇을 할

> 캠퍼스 매입 당시만 해도 저희는 여기서 무엇을 할지 몰랐습니다. 가격이 너무 싸서 부동산 자산만으로도 아주 매력적이고 이것이 훌륭한 기회라는 것만 확실했습니다. 기회가 왔을 때 중요한 결정을 내리고, 우리에게 주어진 훌륭한 건물들을 어떻게 활용할지 그때부터 고민한 겁니다.

지 몰랐던 것과 마찬가지입니다. 기회가 왔을 때 중요한 결정을 내리고, 우리에게 주어진 훌륭한 건물들을 어떻게 활용할지 그때부터 고민한 겁니다.

그러면 우리가 가지게 된 자산이 무엇인지 살펴볼까요? 우리에게 주어진 가장 큰 자산은 바로 공간이었습니다. 어마어마한 크기의 공간이었죠. 실제로 이 지역은 공간의 제약이 전혀 없습니다. 예일대 역사상 처음으로 공간 걱정을 안 하게 된 것입니다. 잘 아시다시피 예일대는 지역공동체와 아주 가까이 붙어 있습니다. 메인 캠퍼스의 경우, 강의실에서 나오자마자 바로 옆에 주민이 거주하는 건물이 있고 병원과도 인접해 있습니다. 학교의 경계선이 모호할 정도로 공간이 부족한 캠퍼스였습니다.

웨스트캠퍼스를 매입하게 되면서 예일대는 처음으로 무제한적인 공간이 생기게 되었습니다. 달리 말하면 성장 가능성이 무한해지게 된 셈입니다. 매입한 건물만 있는 것이 아니라 신축도 가능하다는 것이 아주 중요합니다. 여기에 더해 교통 접근성이 높아졌습니다. 주변에 고속도로와 철도가 지나가고 도로 접근망도 훌륭합니다. 뿐만 아니라 프로그램과 관련된 제약이 없습니다. 왜냐하면 완전히 새로운 공간이기 때문에 행정 공간으로 이용하든 학문 공간으로 이용하든 지금부터 우리가 창의적으로 활용해 배치할 수 있습니다. 그리고 네 번째로 앞으로 추가 개발 가능성이 굉장히 높은 지역입니다.

이 지역에 대해서 많은 분들이 굉장히 궁금해 합니다. 웨스트캠퍼스에 무슨 일이 일어나고 있는지, 여기에 어떤 투자가 이뤄질지 많은 분들이 관심을 갖고 계십니다. 관심을 갖고 계신 모든 분들이 웨스트캠퍼스 발전에 큰 도움이 되리라는 것도 우리 모두에게 희소식이라고 하겠습니다.

연구동의 경우, 곧바로 이사 들어와 당장 연구를 시작해도 될 정도로 좋은 상태입니다. 캠퍼스 연구동 내의 전용 공간을 보시면, 습윤대도 있고, 건조대 등이 있습니다. 의학시설에는 분자를 만드는 곳이 있습니다. 공간도 충분하고 공조장치도 충분합니다. 저희로서는, 이처럼 화학합성만 하던 공간을 이제는 보다 대학의 기능을 갖춘 곳으로 어떻게 활용할까 하는 고민만 하면 됩니다.

접근성 강화와 캠퍼스의 독자성 확립

남은 과제는 접근성 확보 문제입니다. 웨스트캠퍼스는 메인 캠퍼스와 인접해 있지 않습니다. 또한 웨스트캠퍼스도 두 구역으로 분리되어 있습니다. 기차노선이 캠퍼스 안으로 들어오면 접근성을 높일 수 있기 때문에 계속 시도해보고 있습니다만 그럴 가능성은 낮습니다. 현재 제일 가까운 기차역은 좀 떨어진 밀포드Milford 역이고, 현재 신축하고 있는 기차역사도 캠퍼스에서 거리가 좀 있습니다. 그래서 이 두 캠퍼스를 오가려면 셔틀버스나 개인 승용차를 이용해야만 하는데, 접근성을 어떻게 개선할 것인지가 문제입니다.

두 번째로는 웨스트캠퍼스의 정체성을 확립하는 것입니다. 웨스트캠퍼스와 메인 캠퍼스의 관계를 어떻게 설정할 것인가, 웨스트캠퍼스에 집중하느라 메인 캠퍼스에 대한 투자가 약화될지 모른다는 불만을 어떻게 극복할 것인가, 제약회사가 운영하던 의약화학시설을 기초과학과 연계되는 교육기관으로 어떻게 탈바꿈시킬까 하는 고민이 있습니다. 마지막으로 비전 수립이라는 과제가 있습니다. 이건 말 그대로 어느 날 저희에게 뚝 떨어진 과제인 셈이지요. 예정에 없이 갑자기 광대한 부지를 구매하게 된 탓에 그 캠퍼스에서 무엇을 할지 충분히 심사숙고할 시간이 없었습니다.

이런 과제를 앞으로도 계속 안고 나가야 합니다. 이 기회를 어떻게 활용할지 고민해나가야 합니다. 교과 과정 및 프로그램을 고민하는 데 있어 저희는 제일 먼저 리더들을 불러 모았습니다. 지금 이 자리에도 관련 분야에 앞서가는 리더들이 와 계십니다마는 저희도 예일대 전체의 관련 전문가들을 모아 브레인스토밍을 하는 심포지엄을 개최했습니다.

저희는 아래에서 위로 의견을 개진하는 방식으로, 과장과 학장 등 모든 사람들에게 웨스트캠퍼스에 무엇을 갖추었으면 좋겠는가, 이런 캠퍼스를 갖춘 대학은 어떤 일을 해야 하는가, 그리고 현재 각 단과대학 및 학과에서 진행하고 있는 과정을 어떻게 개선·향상시킬 수 있겠는가를 물었습니다.

리차드 레빈 총장을 중심으로 교무부총장 피터 살로비Peter Salovey 교수, 초대 웨스트캠퍼스 담당 부총장 마이클 도너휴 교수가 참석했습니다. 저희는 아래에서 위로 의견을 개진하는 방식으로, 과장과 학장 등 모든 사람들에게 웨스트캠퍼스에 무엇을 갖추었으면 좋겠는가, 이런 캠퍼스를 갖춘 대학은 어떤 일을 해야 하는가, 그리고 현재 각 단과대학 및 학과에서 진행하고 있는 과정을 어떻게 개선·향상시킬 수 있겠는가에 대해 묻고 의견을 들었습니다.

웨스트캠퍼스의 사명과 운용

다학제적 연구로 인간의 당면 문제 해결과 지속가능성을 추구하다

이 심포지엄의 다각적인 브레인스토밍 결과, 앞으로 웨스트캠퍼스를 어떻게 운영할 것인가 하는 몇 가지 원칙이 도출되었습니다. 저희는 인간이 안고 있는 문제에 대한 해결책을 도출하고 싶습니다. 인간의 지속

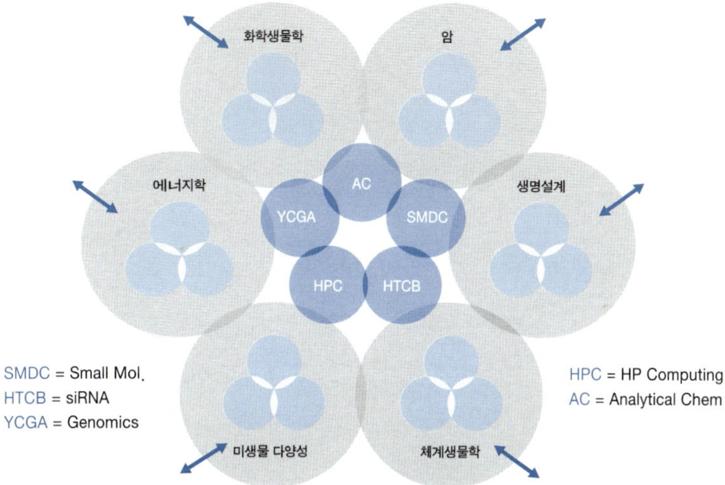

예일대학교 웨스트캠퍼스의 다학제적 연구소 구성

가능성, 즉 인간의 건강과 환경, 그리고 에너지와 관련된 과제를 해결하는 과학적인 역할을 하고 싶었습니다. 저희는 학과라기보다는 다학제적인 연구소를 만들기로 했습니다. 과거에는 단과대학별로 연구소들이 분리되어 있었기 때문에 학문분야별로 문화적으로나 지적으로 고립되어 있었습니다.

또한 대학 전체에 걸쳐 이공계를 강화하기로 했습니다. 의과대학과 공과대학, 예일 칼리지를 강화하는 것은 물론, 기초 연구를 지원할 수 있는 핵심 시설, 즉 웨스트캠퍼스와 메인 캠퍼스 전체 교수진이 사용할 수 있는 시설을 강화하자는 것입니다. 그러한 목적을 토대로 정리하니까 이러한 그림이 나왔습니다. 6개의 연구소가 있고 각 연구소의 연구진이 6개의 프로그램을 주도하여 진행하고 있습니다. 예컨대 '화학생물학' 처럼 화학과 생물학이라는 전통적인 학과 간의 학제적 연구가 이루어지는 것이지요. '화학생물학' 외에 '암', '바이오디자인', '시스템생물학', '미생물 다양성', '에너지과학' 이라는 총 6개의 연구 프로그램에 있으며, 각 프로그램은 기술 전문가나 연구전문 인력이 운영합니다. 이들 각각에 대해서는 잠시 후에 더 자세히 말씀드리겠습니다.

또한 과감한 투자로 소분자발견센터, 고속세포생물학센터, 초고속컴퓨팅센터, 게놈분석센터 같은 여러 핵심시설을 가동하고 있으며 각 센터는 연구진이 이끕니다. 그런데 이를 실제로 운영하는 것은 선임 스태프입니다. 이들 전문가가 기술 인력과 그 외 근무자들을 지휘합니다. 여기서 일하는 사람들은 학위과정을 밟는 것이 아니라 이 센터가 돌아갈 수 있도록 지원하는 역할을 합니다. 화합물 및 자연물을 화학적으로 분석하는 기능도 있고 게놈시퀀싱Genome Sequencing 같은 연구기술을 이용하기도 합니다. 이처럼 각 센터에 많은 시설 투자를 하면서 이 공간을 효과적으로 사용할 수 있게 되었습니다.

이런 일들은 모두 웨스트캠퍼스를 인수했기 때문에 가능했습니다. 연구를 훌륭하게 수행할 수 있는 제반시설을 갖춰준 것입니다. 고속세포생물학센터, 소분자발견센터, 게놈분석센터가 있습니다. 게놈분석센

몇 년 전에는 상상조차 하지 못했던 처리 용량과 속도를 자랑하게 되었고, 이제 예일대에서 할 수 있는 프로젝트의 규모가 달라졌습니다. 이런 변화는 학자들의 연구 방식을 완전히 바꾸어 놓았습니다. 어떤 연구기금에 지원할 수 있는가도 완전히 달라졌습니다.

터에서는 시퀀싱 연구에 상당한 시간을 소비합니다. 그리고 초고속컴퓨팅센터입니다. 웨스트캠퍼스에는 13개의 시퀀싱 기기가 풀타임으로 돌아가 5천억 염기를 매주 단위로 처리할 수가 있습니다. 이로써 몇 년 전에는 상상조차 하지 못했던 처리 용량과 속도를 자랑하게 되었고, 이제 예일대에서 할 수 있는 프로젝트의 규모가 달라졌습니다. 과거에는 하루에 시퀀스를 처리할 수 있는 용량이 50기가바이트 정도였는데 이제는 매일 235기가베이스페어를 처리하고 있습니다. 인간 게놈의 75%를 하루에 처리할 수 있다는 얘기입니다.

이러한 변화는 학자들의 연구 방식을 완전히 바꾸어 놓았습니다. 시퀀싱 데이터를 손쉽게 사용하게 된 것은 역사상 그 어느 때보다도 놀라운 사건입니다. 이런 처리 용량을 갖춤으로써 어떠한 연구기금에 지원할 수 있는가도 완전히 달라졌습니다. 예를 들어 게놈분석센터의 리차드 리프턴Richard Lifton 박사는 XM 시퀀싱 프로젝트와 관련해서 1,200만 달러의 연구기금을 받을 수 있었습니다. 핵심시설에 투자함으로써 연구자의 수월성을 어떻게 달성할 수 있는가, 과거와 완전히 다른 새로운 연구 방향으로 이끌고 가는 설비가 어떤 것까지 가능한가를 보여주는 좋은 사례라 하겠습니다.

지금까지 핵심시설에 대해서 말씀드렸다면, 이제 연구소 각각에 대해서 좀 더 말씀드리지요. 각 연구소는 다음과 같은 특징을 갖습니다. 먼저 디렉터, 즉 연구소 소장은 선임교수로서 국제학계에서 해당 부분의 업적을 인정받은 사람입니다. 소장 아래로 8~10명 정도의 선임 및 주니어급 연구진이 채용됩니다. 웨스트캠퍼스를 인수한 덕분에 50여 명의 교수와 이공계 과학자를 새로 채용할 수 있었습니다. 암연구소의 예를 들어볼까요? 아직 초기 단계이긴 합니다만 암연구소는 콜롬비아대의 조지프 슐레신저Joseph Schlessinger 교수를 영입해 약학과의 과장, 암연구소의 소장을 맡겼습니다. 하버드대에서 톰 린치Tom Lynch 교수를 영입해 기초연구와 임상연구를 연계한 중개연구와 의과대학을 지휘하게 했습니다. 슐레신저 교수와 톰 린치 교수, 요시 슐레신저Yossi Schlessinger 교수, 릭 리프튼Rick Lifton 교수 등을 영입함으로써 새로운 생물학적 연구와 중개연구가 가능하게 되었습니다.

길리어드사이언스사Gilead Sciences Corp.와의 협정도 이 과정에서 이루어졌습니다. 예일대가 이런 분야의 연구를 한다는 소식을 들은 길리어드 사이언스 측에서 관심을 보이면서 올 초에 4년간 매년 1천만 달러씩 연구기금을 제공하기로 한 것입니다. 암 연구 시 해당 시퀀싱은 앞에서 보여드린 설비에서 이루어질 것이며 슐레신저 교수가 연구를 지휘할 것입니다. 4년 동안 모든 연구가 잘 진행되면 그 결과에 따라서 10년 동안 매년 1천만 달러의 기금이 지원될 것입니다. 길리어드 사이언스가 암 퇴치를 위한 연구팀을 찾던 과정에서 우리를 발견한 것이지요. 대학 입장에서는 지금 딱 손익분기점에 와 있습니다. 그래서 현재 선임교수와 주니어급 교수를 채용하는 중입니다. 월요일 제가 한국에 와서 동참할 뜻을 갖고 있는 어떤 후보를 인터뷰했고 앞으로 다른 후보들도 인터뷰할 것입니다. 요시 교수가 이 분야를 지휘를 할 텐데 덕분에 이 분야가 크게 성장할 거라고 기대합니다.

캠퍼스 앞부분에 위치해 있는 사무동 공간 일부도 암 연구에 쓸 수 있을 것입니다. 특히 톰 린치 교수가 외래환자 임상을 위해 이 시설을 쓰고 싶어 합니다. 주간 고속도로도 가깝고 주차 공간도 넉넉하기 때문입니다. 이곳은 크라이필드 카운티나 그리니치와 가깝기 때문에 많은 환자들이 찾아올 것이고 성공적으로 외래환자 중개 연구를 할 수 있을 것이라 예측하고 있습니다.

화학생물학연구소는 대학교수협의회 멤버였던 앨레나 셰파츠Alanna Schepartz 박사가 소장을 맡고 있습니다. 셰파츠 박사가 웨스트캠퍼스에 관심을 갖고 이곳 소장으로 부임한 덕분에 콜로라도대학교의 앤디 필립스Andy Phillips 박사, 화학 분야에서 국제적 명성을 쌓고 있는 UC 버클리의 조나단 앨만Jonathan Elman 교수, 하버드대학교의 제이슨 크로포드Jason Crawford 교수, 이렇게 세 분을 채용할 수 있었습니다.

주요 연구 거버넌스

학제적 교수 임용 절차

웨스트캠퍼스 6개 연구소의 거버넌스가 어떻게 이루어져 있는지 설명드리겠습니다. 각 연구소에는 자문위원회가 있는데, 이 자문위원회에서 교수 임용을 결정하고 또 추천도 합니다. 예를 들어 화학생물학연구소 자문위원회 위원에는 화학생물학 분야의 사람도 있지만, 의대 쪽 사람들, 공대 쪽 사람들도 있습니다. 그래서 진정한 학제 간, 캠퍼스 간 합의에 의해 교수 임용 결정이 이루어집니다. 이전에는 이 교수들이 서로 협력할 기회가 없었는데 이제는 이런 것이 가능해졌습니다.

엘레나 셰파츠 위원장, 화학

빌 요르겐센 화학
스콧 밀러 화학
크레이그 크루즈 MCDB
론 브레이커 MCDB
마크 솔츠만 공학
짐 로스만 세포생물학
아트 호르위치 유전학
요시 슐레신저 제약학

캐롤린 슐에이만 의학전문 대학원
스티브 거빈 부총장실 사무국

연구소 자문위원회의 인적 구성 : 화학생물학연구소의 경우 웨스트캠퍼스에서는 6개 연구소별 자문위원회에서 교수 임용을 결정, 추천합니다. 자문위원회에는 화학생물학 쪽 사람도 있지만, 의대와 공대 쪽 사람들도 있습니다. 그래서 진정한 학제 간, 캠퍼스 간 합의로 임용 결정이 이루어집니다. 이전에는 협력할 기회가 없었는데 이제는 가능해졌습니다.

더 놀라운 점은 웨스트캠퍼스와 메인 캠퍼스가 7마일이나 떨어져 있는데도 양 캠퍼스가 새로운 방식으로 협력해 일하고 있다는 것입니다. 같이 일하고 함께 성장함으로써 거리는 떨어져 있되 하나의 캠퍼스 구성원으로서 움직이고 있습니다. 웨스트캠퍼스로 말미암아 새로운 협력이 가능해졌습니다. 화학과와 약학과 간의 공동학위제도를 도입하려고 하는 것이 이러한 협력의 단적인 예라 하겠습니다.

누구와 함께 어떤 변화를 이끌 것인가

화학과의 스콧 밀러Scott Miller 학과장은 다음과 같은 도전적 질문을 우리에게 던졌습니다. “어떤 프로그램, 어떤 학자, 어떤 학생들을 이곳에 유치할 수 있을까? 미개척지인 약물동태학, 신진대사, 소분자가 여러 다양한 생화학적인 기전으로 인해서 어떤 변화를 겪는가? 원하는 생물학적인 표적에 다다르는 과정에는 어떤 게 있는가? 어떠한 증거로 약물 전달 기전이나 약물의 효능을 밝혀 새로운 치료법을 개발할 수 있을까? 과학이 또 기초과학에서 어떠한 부분을 채워야 이러한 새로운 치료법이 가능할까?' 등입니다. 조나단 앨만Jonathan Ellman 교수는 예일대 역사상 처음으로 의대와 예술대 교수들이 공동으로 임용을 결정한 사례입니다. 앨만 교수가 예일대에 관심을 갖게 된 것도 웨스트캠퍼스가 생겼기 때문입니다.

이번에는 바이오디자인연구소에 대해 이야기해보겠습니다. 이 연구소는 생물학을 바탕으로 한 엔지니어링을 연구하는 곳입니다. 세포생물학과 공대의 접목이지요. 이를 통해서 나노 기기, 나노 소재를 개발하는 일을 하고 있습니다. 그 과정에 생물학적 시스템을 사용하는 것입니다. 이 연구소는 콜롬비아대학교에서 온 제임스 로스만James Rothman 교수가 소장을 맡고 있습니다. 로스만 교수는 세포생물학 분야의 권위자이시죠.

다학제 연구의 시너지 효과

웨스트캠퍼스는 예일대에 정말 특별한 기회를 제공하고 있습니다. 전 세계 과학 발전에 있어서도 굉장히 특별한 기회입니다. 이곳에서 우리는 다학제 분야의 다양한 기술과 자원, 관심을 한데 모아 서로 영향을 미치고 흥미진진한 새로운 정보를 만들어갈 것이기 때문입니다. 이를 통해서 예일대는 과학 연구의 상위기관으로 부상할 것이며, 더 중요하게는 우리 사회가 직면하고 있는 주요 문제를 해결하는 데 크게 이바지하게 될 것입니다. 예를 들어 에너지나 의료 분야에 많은 기여를 할 것입니다. 로스맨 교수는 굉장히 큰 꿈을 품은 분입니다. 이런 분들이 웨스트캠퍼스에 오게 되어서 아주 다행입니다.

나머지 연구소들도 마저 소개해드리죠. 첫 번째는 미생물 다양성을 탐구하고 있는 연구소입니다. 환경적인 미생물 생물학을 탐구하면서 인간의 보건과 인간의 지속 가능성, 나아가서는 지구의 지속 가능성을 연구하는 곳입니다. 하워드 오크만Howard Ochman, 낸시 모란Nancy Moran 두 분은 모두 애리조나대학교에서 영입된 분들입니다. 낸시 모란 교수는 내셔널 아카데미 사이언스에서 활동을 하고 있는 분입니다. 굉장히 다양한 연구를 진행하고 인간의 마이크로BR이라는 부분을 연구하고 있기도 합니다. 그리고 앤디 굿먼Andy Goodman 교수는 워싱턴대에서 미생물 질병 발생학을 연구하던 분이지요. 굿먼 교수의 연구에서 현재 수행하고 있는 내용을 말씀드리면, 인체에 있는 세포를 살펴보면 실제로 인간의 세포보다 미생물에 해당이 되는 세포가 훨씬 더 많은 질량을 차지한다고 합니다. 그래서 인간의 유전자보다도 마이크로BR 유전자가 더 많다는 얘기도 나올 정도입니다. 실제로 인체에서 생성되는 미생물들을 살펴보면 전체적인 생리학의 체계를 이해할 수 있다고 합니다. 그래서 실험쥐를 모델로 해서 다양한 미생물 분집체가 어떻게 기능을 하는지, 그 기전은 어떻게 형성이 되는지 살펴보는 연구를 하고 있습니다. 이 연구를 위해서 무균 쥐를 만든 다음에, 보통 쥐의 미생물 군집체를 또 다른 무균 쥐에 주입을 시켰습니다. 그러면서 이 과정에서 유전자가 실제로 전이되는지 살펴보고 얼마나 질병적인 기전이나 생리학적인 기전이 전이되는지 연구하고 있습니다.

시스템생물학연구소도 있습니다. 제가 가장 많이 고민하고 기대도 컸던 연구소입니다. 사실 모든 생물학 연구소들은 엄청난 데이터센터를 갖고 시작하게 됩니다. 신진대사, 유전자, 기타 다양한 데이터 등 어마어마한 양의 데이터로 시작합니다. 그리고 이 모든 데이터 간의 상호작용과 여러 가지 시스템 바이올로지의 역학관계 살펴보게 됩니다. 그래서 저희는 이 시스템생물학연구소에서 여러 가지 상호작용을 살펴보고 이 과정에서 어떤 새로운 기능이 발생하는지를 살펴보는 연구를 하고 있습니다.

끝으로 소개해드릴 곳은 에너지과학연구소입니다. 올 여름에 설립했으니 아직 몇 달 되지 않은 신생 연구소입니다. 현재 이 연구소를 이끌어갈 디렉터를 물색하고 있습니다. 앞으로 태양에너지나 탄소 저장 등 탄소 관련 기술을 연구하게 될 것입니다. 그래서 기존 연료를 연소해서 일어나는 현상을 살펴보고 있습니다. 비교적 저렴한 사우디아라비아산 석유부터 시작해서 펜실베이니아에서 나오는 바이오메스를 살펴보고, 여러 세포 진화를 연구함으로써 미래 연료를 연구하자는 것입니다. 여기에 지질학과 지구물리학 관련 연구를 수행하는 교수들, 탄소 저장 기술을 연구하는 교수들도 있습니다. 그래서 미네랄 연구도 진행하고 있습니다.

탄소를 저장할 때 바이오메스와 결합시키는 연구를 하고 있습니다. 나무를 키우면 나무가 탄소를 흡수합니다. 그런데 만약 탄소를 흡수하기 위해 나무를 많이 심고 또 균주를 배양하면 한 100년은 갈 수 있겠죠. 그리고 실제로 탄소를 지하 등지에 저장할 수가 있을 것입니다. 이를 해양에 저장하면 해양의 질을 산화시키는 역할도 하게 됩니다. 그래서 진정으로 CO_2 저장, 즉 탄소 저장 문제를 해결하기 위해서는 탄산염광물Mineral carbonates이라는 물질을 개발해야 된다고 믿습니다. 이 물질은 탄산염에 저장되어 있습니다. 그래서 탄산염광물과 탄소를 결합해서 탄산염으로 전환하는 연구를 진행하고 있습니다. 그런데 이런 작용을 하는 물질은 지구핵에 가까이 가야 존재합니다. 그래서 우리는 오토클레이브Autoclave라는 고압멸균기를 쓰고 있습니다. 이 멸균기를 쓰면 탄소물질이 마치 지구의 핵 부분에 근접한 것처럼 작용하는 것을 연구할 수 있습니다.

환경 및 안전 관련 부서에서는 오토클레이브같이 위험한 장비를 쓰는 것에 대해 처음에 반대를 했습니다. 그런데 놀랍게도 웨스트캠퍼스에서 이 문제를 해결할 수 있는 해법도 만들 수 있었고, 이 오토클레이브를 다른 곳에도 활용할 수 있게 되었습니다. 수소첨가 시설Hydrogenation plant이라고 수소첨가 반응을 위한 공장이 있습니다. 매입한 부지에 있던 건물이지요. 원래 이곳은 수소화 대규모 폭발 실험을 하는 시설입니다. 불포화물질이 있으면 여기에 수소를 첨가하여 이 화합물을 새롭게 변형시킬수가 있고 이를 위해 셰이커라는 기계에 넣어 팔라디움palladium을 촉매로 사용하여 불포화 물질을 수소와 혼합해서 흔드는 겁니다. 그러면 압력이 올라갑니다. 이것을 대규모로 하게 되면 폭발을 합니다. 건물이 날아갈 수도 있을 정도입니다. 하지만 이 시설은 벙커 수준으로 설계되어 있어, 그 안에 들어가 보면 강철과 콘크리트로 겹겹이 쌓여 있습니다. 설령 수소 첨가 실험이 실패해도 벙커 안에서만 폭발이 일어나고 옆 건물에는 아무런 피해가 가지 않습니다.

그런데 처음에 이 고압멸균기를 어떻게 활용할 것인지를 놓고 고민을 많이 했습니다. 그러다가 이 시설을 수소첨가 시설이 있는 건물에 함께 배치하면 보호막도 자연적으로 형성되고 탄소 격리 실험에도 도움이 될 것이라 판단하였습니다.

지금까지 다소 과학적인 부분을 말씀드렸는데, 그 외에 몇 가지 요소들을 더 설명드리겠습니다. 저희는 이 캠퍼스에서 과학적인 활동만 하는 것은 아닙니다. 캠퍼스 안에 컨퍼런스센터가 있어서 각종 학술회의, 리셉션, 심포지엄 등을 개최하면서 최신의 정보를 교류하고 있습니다.

과학과 예술의 융합

마무리하기 전에 꼭 짚고 넘어가고 싶은 것은 웨스트캠퍼스가 이공계

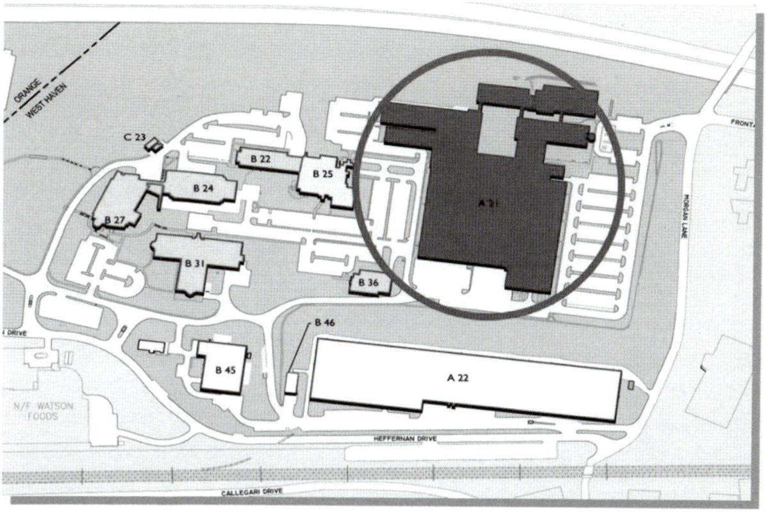

웨스트캠퍼스 예술공간 : 아트갤러리, 브리티시아트센터, 피바디자연사박물관

활동만 있는 곳이 아니라 예술적인 활동도 함께 이루어지는 곳이라는 점입니다. 46만 2천 제곱피트(약 14만 평방미터)에 달하는 이 동그라미로 표시된 건물이 웨스트캠퍼스에서 가장 큰 공간입니다. 이 큰 건물로 무엇을 해야 될지 고민을 많이 했습니다. 여기는 연구동이 들어갈 곳은 아니라고 판단해 다른 용도로 쓰기로 결정했지요. 예일대학교의 명성은 이공계나 인문학 쪽에서만 있는 것이 아닙니다. 예일이 소장하고 있는 예술품도 어마어마합니다. 예일의 아트갤러리가 보유하고 있는 소

웨스트캠퍼스 공간이 워낙 크기 때문에 이 모든 소장품을 드디어 한데 모을 수 있게 되었고 누구나 접근할 수 있는 예술 공간을 만들었습니다. 이로써 미술품이나 서적을 안전하게 보존할 수 있게 되었고, 자료들을 디지털화하는 작업도 효율적으로 추진할 수 있게 되었습니다.

장품들은 그 어느 대학에서 소장하고 있는 것보다도 탁월합니다. 아트 갤러리 외에도 영국 미술품들을 풍부하게 소장하고 있는 브리티시아트 센터Yale Center for British Art도 있고, 피바디자연사박물관Peabody Museum of Natural History도 있습니다. 피바디박물관은 공룡 관련 전시물을 많이 소장하고 있는 것으로 유명하며, 귀중한 문헌들과 고서도 다수 보유하고 있습니다. 이런 서적이나 학술자료를 보유하고 있는 것도 예일의 장점입니다.

이들이 나름의 박물관이나 전시 공간을 갖고 있지만 모든 미술품이나 서적을 다 전시할 수는 없었습니다. 이 귀중한 미술품들이 굉장히 여러 곳, 피바디박물관 지하실이나 심지어 박물관 매니저의 집에 보관되기도 했습니다. 전시 공간이 뉴헤이븐 전역에 흩어져 있다는 것도 아쉬운 점이었지요. 웨스트캠퍼스의 공간이 워낙 크기 때문에 이 모든 소장품을 드디어 한데 모을 수 있게 되었습니다. 약 2,500만 달러를 투자하여 누구나 접근할 수 있는 예술 공간을 만들었습니다. 이로써 보안 문제도 효과적으로 해결하여 미술품이나 서적을 안전하게 보존할 수

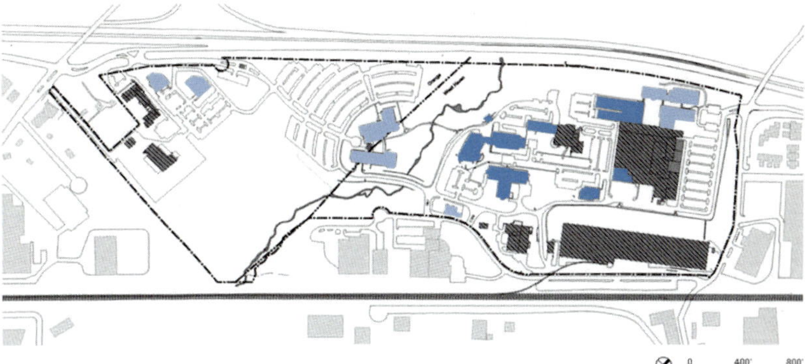

기존 건물

사무실 136,000 m^2 28% 실험실 152,400 m^2 31% 지원시설/기타 201,160 m^2 41%

웨스트캠퍼스 행정동과 연구동

있게 되었고, 자료들을 디지털화하는 작업도 효율적으로 추진할 수 있게 되었습니다.

뿐만 아니라 흥미롭게도 이곳은 자연과학 및 공학 분야와 순수 예술 분야를 잇는 가교 역할을 하고 있습니다. 같은 공간의 한쪽에는 이공계 교수들이 연구를 하고 있고 다른 공간에서는 예술계 교수들이 예술품 전시 및 보존 작업을 하다 보니 굉장히 다양한 융합이 일어났습니다. 특히 예술품 보존 활동에 화학 부서가 많은 기여를 하고 있습니다.

지금 저희는 100년 뒤를 계획하고 있습니다. 지도에서 옅은 파랑색으로 표시된 부분이 행정동이고, 파랑색으로 표시된 부분이 연구동입니다. 100년 뒤에는 어떤 것이 가능할지 알아보기 위해 유명 컨설팅회사에 의뢰를 해봤습니다. 어마어마한 건물을 신축할 수도 있을 것입니다. 연구 성과는 단 몇 퍼센트가 아닌 100%에 가깝게 비약적으로 발전할 수 있으며, 저장 및 보존 공간, 그리고 다학제적 연구활동 공간이 100% 이상 늘어날 것이라는 결과를 얻었습니다.

대학이 자신을 규정할 때 100년 후 어떤 모습일지 그려보는 게 중요합니다. 100년 후면 직접 보진 못하겠습니다마는 적어도 10년 동안 어떤 변화가 일어날지 기대가 큽니다. 끝으로 웨스트캠퍼스의 전략적 목표를 다시 정리해 보겠습니다. 예일대는 예능계열에서 가장 강력한 학부과정이 있는데 웨스트캠퍼스를 통해 이 명성을 유지하려 합니다. 또

예일대학교 마스코트 '댄'

한 예일대 이공계열의 국제적 명성을 더 높이고 의대의 임상 수월성을 더 심화할 것입니다. 뿐만 아니라 환경교육 연구 및 실천에서 글로벌 리더십을 확립하고 디지털시대에 이러한 학문 자원을 보급할 것입니다. 이 목표 각각은 웨스트캠퍼스를 통해 달성 가능하다고 믿습니다. 참고로 이 녀석은 그리 예쁘진 않습니다만 예일대의 마스코트인 '댄' 입니다. 루이지애나 토지 인수처럼 웨스트캠퍼스 인수가 우리 학교 역사에서 기념비적 사건임을 보여주기 위해 'Y' 와 '웨스트캠퍼스' 가 박힌 모자를 씌웠습니다. 감사합니다.

질의응답

정서영 약학대학장 약학 전공자로서 질문이 있습니다. 새로운 학문 분야로서 유전학이 각광받고 있습니다. 이 부분과 관련해 어떤 계획이 있으십니까?

스트로벨 부총장 지금까지 이 분야를 담당하고 있는 곳은 의대입니다. 저희가 앞으로 생각해야 되는 것 중의 하나는 지금까지 해온 것 이상으로 어떻게 영역을 확대할까 하는 점입니다. 그래서 웨스트캠퍼스에서는 기존에 의대에서 하던 것을 중복하지는 않습니다. 생화학 측면에서, 또 유전학 측면에서 이러한 가능성에 대해서 많은 이들이 관심을 가지고 있습니다.

정서영 약학대학장 제가 봤을 때 연구자들이 모두 민간 부분에서 오시는데 NIH국립보건원나 NSF미국과학재단 같은 데서 대규모 연구기금을 지원받으십니까?

스트로벨 부총장 제가 강조드리고 싶은 것은 웨스트캠퍼스가 생겨서 학교 발전의 계기가 마련되었다는 점입니다. 지금까지는 길리어드사이언스사, 라우징 바드윈, 스타이어 등 세 개의 주요 대규모 연구기금이 있었습니다. 연구진은 여러 연구 프로젝트를 제안하고 승인을 받아서 연구기금을 지원받고 있습니다. 대학의 주된 활동은 NSF를 통해 기금 지원을 받게 될 것입니다. 웨스트캠퍼스가 대학의 기금을 통해서 100% 연구비를 지원받는 것은 아닙니다. 물론 연구 초기 자금은 학교에서 지급하기는 하겠으나 학교기금에서 나오는 재원이 전부가 아닙니다. 대학에서 시작한 것을 연방정부나 민간기관으로부터 연구기금을 받아 운영하기도 합니다.

권기붕 평화복지대학원장 웨스트캠퍼스의 프로그램이, 이미 다른 대학이 하고 있는 부분과 경쟁하는 전략을 취하는 것인지 아니면 새로운 분야를 창조하는 전략을 취하는 것인지 궁금합니다.

스트로벨 부총장 굉장히 흥미로운 질문을 해주셨습니다. 우선 예일대는 최초로 에너지과학연구소를 만든 학교도 아니고 최초로 시스템생물학 연구소를 만든 대학도 아닙니다. 화학생물학연구소도 저희가 처음은 아닙니다. 그럼에도 이 이름들이 제 자리를 잡는 날이 그렇게 멀지는 않을 거라고 생각합니다. 예를 들어 바이오융합이나 합성생물학을 연구하는 연구소들이 많이 생겨나고 있습니다. 그런데 합성생물학 같은 개념은 아직 유행하지 않고 있습니다. 그래서 연구소 이름을 그렇게 붙이지는 않습니다. 아직까지는 일반적으로 쓰는 '화학생물학' 이란 단어를 씁니다. 보통 혁신적이고 창의적인 연구를 하는 사람들이 모이는 연구소는 이름도 굉장히 혁신적으로 가져가기 마련인데, 저희 연구소 이름은 아직 평범하게 들릴 것입니다. 하지만 연구소에서 일하는 많은 학자들의 열정과 연구 자체는 굉장히 혁신적입니다. 한 예로, 암연구소 자체는 평범합니다. 하지만 이 연구소가 어떤 것을 이루어낼지는 요시 박사께서 어떤 연구진을 고용하느냐에 따라서 많이 달라질 겁니다. 전 기대가 큽니다.

남순건 물리학과 교수 저는 예일 대학원에서 물리학을 전공했습니다. 이십여 년 전 사이언스힐을 걸어 올라다니던 시절에 비하면 많이 바뀐 것 같습니다. 교수진 이야기를 해주셨습니다마는 대학원생을 비롯한 스태프도 굉장히 많이 있을 텐데 이들은 이 캠퍼스에서 어떻게 생활하는지 궁금합니다.

스트로벨 부총장 좋은 질문입니다. 저희 과제 중 하나는 메인 캠퍼스와 웨스트캠퍼스가 7마일 떨어져 있어서 생기는 여러 문제들을 어떻게 해결해야 하는가 하는 것이었습니다. 현재는 셔틀을 운행하고 있습니다. 뉴헤이븐에 살면서 메인 캠퍼스에서 멘토링, 튜터링, TA 등을 하고 연구는 웨스트캠퍼스에서 할 수 있는 시스템이지요. 셔틀을 제대로 운행하는 것이 생각보다 어려운 과제입니다.

저희가 직면한 다른 과제 중 하나는 저희가 고립돼 있다는 것입니다. 주변에 흥미진진한 것들이 전혀 없습니다. 우리 캠퍼스에서 연극이나 뮤지컬 공연 같은 것들을 볼 수도 없고 무언가 사 먹을 데도 거의 없습니다. 웨스트캠퍼스에는 스타벅스도, 하다못해 맥도날드도 없습니다. 걸어서 갈 수 있는 스타벅스도 없습니다. 이것이 어떤 의미에서는 좀 마이너스입니다마는 어떤 의미에서는 장점이기도 합니다. 갈 데가 없기 때문에 어쩔 수 없이 사람들이 다 점심 때는 카페테리아에 올 수밖에 없습니다. 다들 거기서 모이게 되어 있다는 것이죠. 그래서 저희는 이 카페테리아에 투자를 많이 합니다. 음식을 놓고 다양한 분야의 사람들이 한자리에 모일 때 정말 흥미진진한 일들이 벌어집니다. 저희가 했던 흥미로운 협업 프로그램 중 하나도 바로 12층에 있는 생물학과 교수들이 식당에 와서 다른 교수들과 식사를 하다가 우연히 만들어진 프로젝트였습니다. 이러한 다학제적인 대화가 점심시간에 발생하는 문화를 기대합니다. 물론 지금 해주신 질문에 대한 답을 이제 우리는 막 내놓기 시작한 상황이고, 저로서도 이에 대한 완전한 해결책은 아직 없습니다.

백운식 정보통신대학원장 겸 전자정보대학장 예일대는 굉장히 아름다운 캠퍼스를 가지고 있는 훌륭한 대학이며, 인문학 분야에서 세계적인 명성을 쌓은 대학입니다. 이제 과학 분야로 눈을 돌려 세계적인 명성을 얻겠다는 전략이신 것 같습니다. 여러 분야 중에서 5개 분야에 집중하겠다는 의사 결정을 어떻게 이루셨는지, 구성원들이 거기에 어떻게 동의를 해왔는지 궁금합니다.

스트로벨 부총장 대학이니까 합의가 필요하겠죠. 기본적으로 이 연구소들은 현재 예일대가 보유하고 있는 의대나 공대의 주요 연구 기능들을 다 포함한 것이라고 보시면 됩니다. 제가 처음 웨스트캠퍼스에 관련된 일을 담당하게 되었을 때 제일 어려웠던 게 물리학이라든지 여타 의학 관련 학문이 이 캠퍼스에 충분히 반영되지 않았다는 겁니다. 당시에는 바이오 관련 연구가 주종을 이루고 있었기 때문에 제가 기여할 부분이 뭐냐고 묻는 학자들도 많았습니다. 그래서 처음에 제가 노력을 기울인 게 에너지 관련 엔지니어들이 함께 기여할 수 있는 에너지과학연구소를 만드는 일이었습니다. 이런 식으로 노력을 기울이니까 자신들의 학제적인 분야가 반영되지 않았다고 불평하는 사람들이 많이 줄어들었습니다.

그렇다고 해서 교수진들을 다 모아놓고 투표를 한 건 아닙니다. 어떤 연구소를 만들지 손 들어보라고 한 것도 아닙니다. 예를 들어 미생물다양성연구소가 어떻게 만들어졌는지 말씀드리지요. 아주 오랫동안 예일대 교수들이 많은 관심을 갖고 있던 분야가 미생물학이었습니다. 미생물학과가 있기는 있었지만 앞으로 이 분야가 얼마나 많이 발전할지 아무도 예측하지 못했습니다. 도리어 연구소를 설립하면서 미생물학에 대한 새로운 관심을 불러일으킬 수 있었습니다. 그런 까닭에 이 연구소에 대한 반응이 굉장히 좋았습니다. 또한 에너지 관련 연구소를 만든 것도 이를 원하는 사람들이 많았기 때문입니다. 아래로부터의 요구에 따라 2,500만 달러를 지원하고 10명의 교수진을 할당하면서 연구소를 출범시켰습니다. 투자 대비 굉장히 만족스러운 연구소였습니다. 교수진들을 다 모아서 행정적으로 합의를 도출한 것은 아니었습니다.

유명철 의무부총장 세 가지 질문을 드리겠습니다. 첫째, 웨스트캠퍼스가 뉴헤이븐의 메인 캠퍼스와 상당히 멀리 떨어져 있는데 어떻게 예일대와 연결이 돼 있는지요? 둘째, 제가 예전에 예일대를 방문했을 때 메인캠퍼스에 지금 말씀하신 것 같은 기관과 건물들이 있었는데 웨스트캠퍼스를 만들면서 이런 것들이 모두 이쪽으로 이주한 것인지 궁금합니다. 셋째, 저렇게 큰 웨스트캠퍼스를 운영하려면 엄청난 운영비와 관리비가 들 텐데, 그 재원이 어디인지요?

GLOBAL EMINENCE 2020
21세기 미래대학을 말한다
Global Eminence 2020

스트로벨 부총장 우선 입지부터 말씀을 드리겠습니다. 예일대는 뉴헤이븐에 위치해 있고, 웨스트캠퍼스는 웨스트헤이븐에 위치해 있습니다. 다른 도시이고, 행정구역상 완전히 다른 곳입니다. 웨스트캠퍼스를 매입한 이유는 그때 시장에 나왔기 때문입니다. 장기적인 계획에 따라서 캠퍼스를 조성한 것이 아니라 시설도 좋고 가격도 적당했기 때문에 계획 없이 샀습니다. 기회가 왔기 때문이죠.

두 번째, 메인 캠퍼스에서 웨스트캠퍼스로 아무것도 이동하지 않았습니다. 메인 캠퍼스의 의대에서 하던 일은 여전히 메인 캠퍼스 의대에서 이루어지고 있습니다. 웨스트캠퍼스에서 하고 있는 활동은 기존의 것을 반복하는 것이 아니라 추가적으로 확대한 것입니다. 그 예가 게놈시퀀싱 시설입니다. 예전에는 의대 옆에 임대한 건물에 있다가 웨스트캠퍼스로 이전하면서 확장되었습니다. 이전 시설은 협소했기 때문에 확장성이 없었습니다. 그런데 새로이 채용되는 모든 교수진과 연구진은 새로 채용한 분들입니다. 연구진이 50명 가량 늘어난 것입니다.

마지막 질문이 그에 대한 예산은 어디에서 나오느냐 하는 것이었죠? 캠퍼스 매입 비용은 대학기금에서 나왔습니다. 예일 기금은 2007년 인수 당시 240억 달러에 달하는 규모였습니다. 대학은 대부분 이 기금으로 운영됩니다. 그런데 2008년에 기억하시겠지만 세계경제가 안 좋았습니다. 그 결과 이 기금이 3분의 1 정도, 즉 240억에서 160억 달러로 줄었습니다. 대학 재정이 큰 타격을 입었죠. 행정을 하는 사람으로서

돌이켜보고 싶지 않은 시절이었습니다. 예산이 삭감됐기 때문에 여러 가지 지출을 줄여야 했습니다. 예산이 하룻밤 사이에 3분의 1 사이로 줄어든 것이 아니라 10%로 줄어들었습니다. 그러면 기금이 다시 증액되기까지 웨스트캠퍼스는 그냥 놔두어야 하느냐, 아니면 핵심시설은 옮기고 연구진은 새로 채용하지 않는 등 점진적으로 가야 하느냐, 아니면 예정대로 전면적으로 웨스트캠퍼스를 확장해 이주해야 하느냐 하는 전략적인 결정은 제가 아닌 총장님만이 내릴 수 있는 결정이었습니다. 총장님은 남아 있는 기금을 적극적으로 이용하여 웨스트캠퍼스를 확장하고 연구진을 채용하기로 결정했습니다. 그래서 채용은 외부에서 받은 지원금이나 공여금으로 충당했습니다. 사업가, 개인 혹은 재단이 모금을 해주었습니다.

또한 대학기금에서 매년 살림을 할 수 있는 운영비를 몇 퍼센트 내줍니다. 그걸로 관리운영비를 냅니다. 감가삼각 등은 일반 계정에서 지급됩니다.

강곤 국제교류처장　예일대에는 총장님이 계시고, 교무부총장, 부총장, 학장 등이 있습니다. 그분들의 역할이 굉장히 인상적이었는데 이에 대해 많은 분들이 관심을 갖고 계실 것 같습니다. 예일대의 의사결정 과정에 대해서 다시 한 번 말씀해 주시지요.

스트로벨 부총장 우선 저희 대학은 총장이 있고 그 밑에 교무부총장이 있습니다. 교무부총장은 말하자면 2인자이고 대학의 모든 예산을 담당합니다. 그래서 총장은 예산 외의 다른 일을 합니다. 대외적인 일을 많이 하죠. 그리고 몇 분의 부총장이 있습니다. 인사 담당 부총장, 재무 담당 부총장, 대외협력 담당 부총장 등 6명의 부총장이 있습니다. 이 6명은 교수진이라기보다는 스태프입니다. 저만 유일하게 교수이면서 부총장인데, 바로 웨스트캠퍼스 계획 수립 및 프로그램 개발 담당 부총장입니다. 예일에는 교수이면서 행정 일을 하는 사람이 딱 3명입니다. 교무처장님, 웨스트캠퍼스 부총장인 저, 그리고 총장님입니다. 웨스트캠퍼스의 부총장 위에는 아무도 없습니다. 총장은 예외죠. 저는 나머지 대학을 총괄하는 교무처장에게 보고를 안 해도 됩니다. 웨스트캠퍼스를 전적으로 제가 관리하는 상황입니다. 인사나 재무 등 다른 부총장들과 제가 맡은 역할이 조금 다르지요.

대학의 학술적인 부분은 두 분의 학장이 담당합니다. 한 분은 대학원을 담당하는 원장 역할을, 다른 한 분은 학부를 담당하는 학장 역할을 합니다. 두 분의 학장이 반씩 영역을 나누어 관리하는 겁니다. 똑같은 학과가 있으면 반은 대학원을 담당하는 원장이, 나머지 반은 학부를 담당하는 학장이 담당해 각자의 전문성을 갖고 관리하고 있습니다. 그러다 보니 저희는 Dean of faculty라는 직함도 없고 Dean of Student라는 직함도 없습니다. 일반적인 대학 구조로 보면 조금 특이한 구조라고 할 수 있습니다. 세포생물학자이신 학장 한 분이 이학계 학부들을 모두 담당합니다. 예를 들어 위원장 선임, 정년보장심사, 승진 심사 등의 업무를 하지요. 사학과 교수인 또 한 분은 인문학과 사회과학 분야를 총괄합니다. 이런 식으로 이분화되어 있어 대학 따로, 대학원 따로 접근합니다. 그래서 웨스트캠퍼스는 별개로 보셔야 합니다. 예를 들어 부총장이지만 저에겐 선임권이 없습니다.

사회자 감사합니다. 우리와 다른 재미있는 시스템을 갖고 있는 것 같습니다. 사실 스트로벨 교수님이 감기가 심하게 걸리셔서 아까부터 기침을 하시는데 우리 학교에서 만든 청인유쾌환을 드렸습니다. 그걸 드시고 지금 잘 버티고 계십니다.

스트로벨 부총장 아주 명약입니다.

사회자 그럼 이상으로 21세기 미래대학을 말한다, 스콧 스트로벨 예일대학교 웨스트캠퍼스 부총장님 초청 특강을 마치겠습니다. 감사합니다.

강연자 소개

스콧 스트로벨 Scott A. Strobel

생화학 분야의 세계적 권위자로 1995년 예일대학교 분자생물물리학 및 생화학과 교수로 재직하면서, 2006~2009년까지 학과장을 거쳐 2011년부터 웨스트캠퍼스 부총장으로 재직 중이다.

부총장으로 임명된 이래, 예일대학교 웨스트캠퍼스의 연구기관 및 핵심시설에 관한 계획을 수립하고, 도서관과 박물관 및 예술 분야의 교육 · 연구과정 개혁을 포함하여 웨스트캠퍼스의 전체 프로그램을 기획 · 감독하고 있다. 아울러 최고의 교수진과 연구진을 구성하여 예술 및 과학 분야의 연구, 교육, 공공 봉사활동에 관한 새로운 발전 전략을 수립하여 웨스트캠퍼스의 잠재력을 실현하는 데 주력 중이다.

다른 한편 연구자로서 그는 열대우림에 있는 새로운 천연물 및 생물자원 탐사, 재생가능 연료로서 디젤연료를 생성하는 균, 셀룰로오스로 탄화수소를 얻는 균화 과정, 탄화수소 연료의 생물학적 합성에 관한 대사체 등을 연구하고 있기도 하다.

미국 암학회 및 예일대학교에서 수여하는 젊은 교수 연구상을 비롯하여, 예일대학교 자연과학 분야 최고강의상, 미국생화학·분자생물학회ASBMB Schering Plough 연구기관상 등을 수상했고, 2009년 파이 베타 카파Phi Beta Kappa 협회(1776년에 창설된 고등교육진흥·장학지원 단체) 코네티컷 지부의 최고 명예회원에 당선되었다.

대학 위상의 순환주기와 변화 요인

홍콩과학기술대학교의 경우

마이클 펑
홍콩과학기술대학교 기획처장

3부는 2012년 1월 27일 경희대학교 법학관 국제회의실에서 개최한 '21세기 미래대학을 말한다/Global Eminence 2020' 에서 마이클 펑 중국 홍콩과학기술대학교 기획처장이 "대학의 관점에서 본 대학위상 변화주기"(The Rankings Lifecycle and its Factors: in the Case of Hong-Kong University of Science & Technology)를 주제로 강연한 내용을 담았습니다.

안녕하십니까? 21세기 미래대학을 꿈꾸며 약진을 거듭하고 있는 경희대를 방문하여 홍콩과학기술대학의 경험을 바탕으로 세계 최고 대학을 향한 전략을 말씀드릴 수 있게 되어 기쁩니다.

우선 홍콩과학기술대학에 대한 전반적인 개요를 말씀드리고, 아시아 지역의 고등교육 발전에 대한 배경 설명을 드리겠습니다. 그 다음으로 대학 순위 제도의 발전에 대해 설명하면서 몇 가지 사례를 소개하려고 합니다. 또한 대학이 추구할 수 있는 전략적 기획과 성과 관리 방법에 대해 말씀드리겠습니다. 굉장히 다양한 주제를 다루기 때문에 발표가 길게 느껴지실지도 모르겠습니다.

현황과 조건

먼저 홍콩과학기술대학에 대해 간단하게 설명드리고 시작하겠습니다. 아시다시피 홍콩은 작은 도시입니다. 한국과 비교해도 그렇고 서울과 비교해도 그렇습니다. 홍콩의 총인구는 700만 명밖에 안 됩니다. 홍콩 전체에는 8개의 대학이 있습니다. 그리고 8개 대학에 연구비와 장학금을 지원하는 UGC, 즉 유니버시티그랜츠커미티University Grants Committee, 大學教育資助委員會라는 공공기관이 있습니다. 현재 홍콩에는 4만 4천 명에 달하는 학부생이 있습니다. 그리고 6천 명의 연구대학원생이 있고, 4천 명의 교수진이 있습니다. 고등학교 졸업자의 18%가 대학에 진학하고 10%는 유학을 갑니다. 아직까지도 홍콩에서 고등학교를 졸업한 후 홍콩에 있는 대학에 진학하지 않고 외국으로 유학을 가는 학생들이 꽤 많은 편입니다. 30%의 학생들은 서브디그리sub-degree라는 준학사associate degree 학위(2년제 대학 졸업 학위)를 별도로 받고 있습니다. 이처럼 홍콩은 대학체계의 규모가 작은 편이지만, 많은 학생들이 대학 혹은 전문대학에 진학하거나 유학을 가고 있습니다.

홍콩 특별행정구의 전체 예산 중 24%가 교육 예산입니다. 이 가운데 25%가 고등교육에 투자되고 있습니다. 그만큼 정부 차원의 투자가 상당합니다. 대학의 예산 중 60~70% 정도가 정부 지원으로 이루어집니다. 최근 들어 홍콩의 고등교육 환경은 더 좋아졌습니다. 홍콩은 '3 ·

3·4 전략'이라고 부르는, 고등교육체계의 혁신 정책을 펼쳐왔습니다. 홍콩은 7년에 달하는 고등교육을 가지고 있습니다. 대학 학부를 우선 3년 시스템으로 가져가고 있습니다. 고등학교 시스템이 13학년까지이고 3학년에 해당하는 3개년 대학교육으로 구성이 된 것이 지금 현재의 모습입니다. 1980년대 보다 폭넓은 교육을 대학에서 제공하자는 취지로 도입된 이 체제는 전통적인 영국식 교육체제에서 미국식 교육체제로 가는 출발점이 되었습니다. 2012년에는 이 제도가 고등학교 교육이 12년까지이고 4년간 대학교육을 도입하는 것으로 변경됩니다. 과거만 하더라도 외국인 학생 비율이 4% 정도밖에 되지 않았습니다. 이것은 정부에서 제한하는 수치이기도 했습니다. 그러다가 최근 들어서 정부 차원에서 이 상한선을 20%로 상향 조정했습니다. 현재는 이 비율이 10% 대로 유지되고 있습니다. 앞으로 20%까지 증가시키는 것이 저희의 목표입니다.

공공교육기관으로서 외국인 학생을 20%까지 유치하는 것을 목표로 삼는다는 것은 그 의미가 크다고 하겠습니다. 잘 아시다시피 중국 본토

공공교육기관으로서 외국인 학생 20% 유치라는 목표는 그 의미가 크다고 하겠습니다. 중국 본토와 홍콩은 한 국가 두 체제입니다. 홍콩과 중국 본토는 학문 체제는 물론 인턴십 프로그램, 교환학생 프로그램, 리서치 프로그램 등 다양한 방식으로 협력과 공조를 강화하고 있습니다.

와 홍콩은 한 국가 두 체제를 유지하고 있습니다. 홍콩과 중국 본토는 여러 가지 학문 체제는 물론 인턴십 프로그램, 교환학생 프로그램, 리서치 프로그램 등 다양한 방식으로 협력과 공조를 강화하고 있습니다.

과학기술 분야 특화로 집중 지원

홍콩과학기술대학의 특징을 말씀드리기에 앞서 홍콩과학기술대학의 설립이념을 간략하게 설명드리겠습니다. 저희 대학교는 모든 학문 분야를 다 다루지 않습니다. 과학, 기술, 공학, 경영 쪽만 주력하고 있습니다. 이를 위해 대학원의 연구 역량 강화를 강조하고 있습니다. 나아가서는 연구 및 학문 활동을 통해 홍콩과 중국 본토의 경제 · 사회 발전에 기여한다는 내용이 포함되어 있습니다.

홍콩과학기술대학은 1991년도에 설립되었습니다. 작년에 20주년을 맞이했으니 역사가 그렇게 길지는 않습니다. 저희는 과학대, 공대, 경영대, 인문사회과학대로 구성되어 있습니다. 의대도 없고 법대도 없습니다. 이 4대 단과대학에 주력하면서 4개 분야에 집중적으로 특화를 하

홍콩과학기술대학교에서는 모든 학문 분야를 다 다루지 않습니다. 과학과 기술, 공학, 경영 쪽만 주력하고 있습니다. 이를 위해 대학원의 연구 역량 강화를 강조하고 있습니다. 나아가서는 연구 및 학문 활동을 통해 홍콩과 중국 본토의 경제·사회 발전에 기여한다는 내용이 포함되어 있습니다.

고 있습니다.

홍콩과학기술대학의 학생 수는 현재 약 1만 명에 이릅니다. 그중 약 6천 명이 학부생이고 3~4천 명 정도가 대학원생입니다. 비율 면에서 보면 아시겠지만 대학원에 집중하고 있습니다. 교수진은 500명 정도 됩니다. 교수진의 절대 규모는 작습니다. 경희대학교에 비교한다면 비율상으로도 아주 적은 규모라고 생각하실 겁니다. 그러나 앞으로 2~3년 안에 학부생을 2천 명 정도 추가 모집할 예정이고, 교수진도 1천 명 수준으로 확대할 계획입니다. 3·3·4 발전계획에 따라 앞으로 계속해서 학생 수, 특히 학부생 수를 늘릴 예정이기 때문에 향후 몇 년 동안 1천 명 이상의 교수진이 확보될 것으로 예상하고 있습니다.

글로벌한 교수진과 학생들

저희 대학은 지속적으로 국제적인 성격을 강화하고 있습니다. 해외에서 유학 오는 학생들의 숫자가 증가하고 있습니다. 총 56개 국가에서 온 유학생들이 전체 학생의 약 16%를 차지하고 있습니다. 교수진의 80%는 홍콩 외의 국가에서 영입된 분들로서, 그중 80%가 미국이나 영국 등지에서 박사학위를 받은 분들입니다. 교수진과 학생의 구성이 다국적이기 때문에 홍콩과학기술대의 분위기는 굉장히 국제적이고 다문화적인 성격을 띠고 있습니다.

홍콩과학기술대학은 홍콩시티 안에 위치하지 않은, 몇 안 되는 대학

중 하나입니다. 그래서 주변에 강도 있고 산도 있습니다. 풍수적으로 좋은 배산임수背山臨水의 지형입니다. 대학이 도심이 아니라 교외에 있기 때문에 환경도 더 좋습니다. 그리고 중국 본토에도 분교가 있습니다. 난샤南沙 지역에 폭인텅대학원Fok Ying Tung Graduate School이 있고, 신진新津 지역에 산업교육연구 빌딩이 있습니다. 그 외에도 중국 본토에 여러 부속 시설과 연구소를 두고 있습니다. 이를 통해 중국 본토의 다양한 연구지원 제도나 프로젝트에 참여하기도 하고 민간 기업들과도 활발히 협업하고 있습니다.

앞서 말씀드린 것처럼 저희 교수진은 매우 다국적인 배경을 가지고 있습니다. 세계 유수 대학에서 강의를 하시던 분들이 80%에 달하며, 영국의 대학에서 수년 동안 교수로 재직하시다가 홍콩과학기술대학으로 오신 분들이 많습니다. 그러다 보니 교수진들의 시각과 교수법 역시 매우 다양합니다.

학생 구성도 다국적입니다. 물론 외국 학생들 중에서 50%는 중국 본토에서 오지만 나머지 50%는 중국 외의 다른 56개 국가 출신입니다. 그리고 홍콩과학기술대학은 전 세계 160개에 달하는 유수 기관과 파트너십을 유지하고 있습니다. 교환학생 프로그램과 교수진 교환 프로그램 등을 운영하면서 이들과 다양하게 교류하고 있습니다.

이렇게 대학 차원에서도 국제적인 성격을 띠고 있지만, 저희가 중요하게 여기고 있는 것은 학생들이 국제적인 경험을 가져야 한다는 것입대학 차원에서도 국제적인 성격을 띠고 있지만, 중요한 것은 학생들이 국제적인 경험을 가져야 한다는 겁니다. 교환학생 프로그램으로 학부생 중 30%는 적어도 한 학기 이상 외국에서 공부 중입니다. 해외의 유수한 교육기관과 협력을 강화하고 있는 것도 그 일환입니다.

니다. 이를 학칙에도 반영하고 있는데, 교환학생 프로그램을 통해 학부생들의 30%는 적어도 한 학기 이상 외국에서 공부하고 있습니다. 특히 경영학과의 경우는 50% 정도가 최소 한 학기 정도는 해외에서 공부합니다. 해외의 유수한 교육기관과 협력을 강화하고 있는 것도 이런 노력의 일환이라고 하겠습니다.

신속한 의사결정 거버넌스

간단하게 홍콩과학기술대학의 연혁을 말씀드리지요. 1986년도에 홍콩에 과학기술대학을 설립하자는 아이디어가 처음 나왔습니다. 홍콩 정부 차원에서 이런 아이디어가 제시된 것은 처음이었는데, 과학기술 발전이 선행되어야 홍콩의 경제 발전이 이루어질 수 있다는 인식에서 출발한 것입니다. 당시 홍콩의 대학들은 대부분 과학기술에 초점을 맞추기보다는 주로 국제관계 쪽의 연구를 했습니다. 그렇기 때문에 홍콩과학기술대학을 설립하게 되면서 홍콩에서 이공계 분야의 발전을 도모할 수 있으리라 생각하게 됐습니다.

홍콩에 과학기술대학이 설립되면서 지난 20년 동안 실제로 홍콩에서 다양한 연구가 촉진됐습니다. 홍콩과학기술대뿐만 아니라 홍콩의 전체적인 과학시스템에 영향을 미쳤습니다. 우차웨이Chawei Woo 교수가 초대 총장으로 선정됐습니다. 1989년도에 기공식을 가졌고 3년에 걸친 캠퍼스 조성 사업 끝에 1991년도에 공식적으로 캠퍼스가 출범했습니다. 초기에는 석사과정만 설치하여 66명의 이학석사 학위를 수여했고 1996년도부터 학부생을 모집하게 됐습니다. 2001년도에 폴 추Paul Chu 제2대 총장이 취임하면서 〈비전 2020〉이 발표되고 전략적 기획이 수립됐습니다. 향후 20년에 대한 대학의 포부가 명문화됐습니다. 2009년 9월에는 토니 챈Tony Chan 현 총장이 취임했습니다. 챈 총장의 리더십하에 5개년 전략계획이 수립됐고 올해 8월 홍콩과학기술대의 학부생수를 총 2천 명 규모로 확대하는 계획을 포함한 3·3·4 확장안이 발표됐습니다.

홍콩과학기술대학의 거버넌스 구조는 아시아의 여타 대학과 조금 다릅니다. 이 거버넌스 구조는 저희의 설립 배경과 일치합니다. 저희 대학은 대학평의회가 최고 의사결정 기구입니다. 대학평의회는 정부 대표, 업계 대표, 학계 대표들로 구성돼 있으며, 발전 전략 설정, 연간 예산 수립, 중국 본토로의 분원 확장과 같은 확장 전략 수립 등을 결정합니다.

그 옆에 같은 지위를 가지는 대학법정Court이 있습니다. 대학법정은 정부 대표, 업계 대표, 대학 소속 대표들로 구성되며 그 밑에 총장이 있

홍콩과학기술대학의 거버넌스 구조는 아시아의 여타 대학과 조금 다릅니다. 대학평의회가 최고 의사결정 기구입니다. 기획처는 부처나 단과대학 간 조정 역할을 원활히 할 수 있도록 총장 직속 산하로 두고 있습니다. 의사 결정이 빨라 전반적인 거버넌스에 크게 도움이 되고 있습니다.

습니다. 총장도 대학평의회에 보고를 하는 분입니다. 그 산하에 여러 가지 연구기관, 교무위원회, 학부 및 학과가 배치되어 최종적으로 총장에게 보고하는 구조를 갖고 있습니다. 교무처장 밑에는 4개의 단과대학이 있어 각 단과대학은 교무처장에게 보고를 합니다.

또한 기획처가 있는데, 기획처 역시 총장께 직속으로 보고를 합니다. 제가 기획처장입니다. 특히 요즘처럼 급속하게 대학이 확장되고 유학생들이 학부와 대학원에 계속 입학하는 상황에 발 빠르게 대응하기 위해 기획처가 총장께 직속으로 보고할 수 있는 구조를 가지고 있습니다. 그만큼 기획처는 단과대학이나 교무위원 등 여러 부처를 성공적으로 조율하고 신속한 결정을 하고 있습니다. 아무래도 부처들 간에는 이해가 상충되는 경우가 있습니다. 기획처는 부처나 단과대학 간의 조정 역할을 해야 되는데 그런 업무를 원활하게 할 수 있도록 총장 직속으로 두고 있습니다. 의사 결정이 빨라 전반적인 거버넌스에 크게 도움이 되고 있습니다.

5대 브랜드 파워

이번에는 홍콩과학기술대학의 브랜드 이야기를 해볼까 합니다. 사실 대학들은 브랜드 이야기를 별로 안 합니다. 보통 브랜드 하면 상용화된 상품이나 기업에만 적용되는 줄 알고 계신데 저희는 대학도 브랜딩이 필요하다고 생각합니다. 홍콩과학기술대는 지난 20년 동안 계속해서 많은 성과를 이루었지만 앞으로도 비슷한 성장을 하기 위해서는 브랜드가 필요하다고 생각합니다.

그래서 저희의 브랜드 가치를 다음 다섯 가지로 요약해봤습니다.

첫째, 홍콩과학기술대는 집중화되고 엘리트 지향으로 연구에 집중하는 대학이라는 겁니다. 저희는 모든 것을 다 하는 대학이 아니라 집중화되고 엘리트로 거듭날 수 있는 연구에 집중하는 특화된 대학입니다.

둘째, 저희는 강력하게 글로벌화되어 있고 중국 본토와의 연계 관계를 맺고 있는 국제적인 대학입니다. 홍콩이라는 지역은 굉장히 전략적인 입지에 놓여 있습니다. 저희는 국제적인 면만 있는 것이 아니라 중국이라는 거대한 본토의 관문이기도 합니다. 그래서 양쪽 모두를 연계시키는 것이 중요합니다.

사실 대학들은 브랜드 이야기를 별로 안 합니다. 보통 브랜드 하면 상용화된 상품이나 기업에만 적용되는 줄 알고 계신데 저희는 대학도 브랜딩이 필요하다고 생각합니다.

셋째, 저희는 학제간 협력, 기업가 정신, 그리고 혁신적 사고를 갖고 있습니다. 이 세 가지 영역은 연구와도 긴밀한 관계를 맺고 있습니다.

넷째, 최근 홍콩과학기술대가 설립한 기관 중 하나로 고등연구원Institute for Advanced Study이라는 곳이 있습니다. 향후 수십 년 동안 추진할 과학 연구의 인큐베이터 역할을 하고 노벨상 수상자나 과학계의 리더를 배출할 계획으로 설립한 연구원입니다. 고등연구원에서는 전임 교수나 방문 교수 등 여러 연구진들을 초빙할 예정입니다. 이 기관을 통해 학부와 대학원생들이 최고의 과학자들과 교류하게 될 것입니다. 이런 노력을 통해 연구 및 학문적 역량이 배양될 것이라고 확신합니다. 또한 선도적인 과학자들의 인큐베이터로서 여러 가지 현신적인 연구를 하게 될 것이라고 봅니다. 우리가 초청하는 과학자들과 협업을 하다 보면 여러 핵심 분야에서 혁신적인 발명과 발전이 있으리라 생각합니다.

다섯째, 홍콩과학기술대는 탁월한 입지와 주변 환경을 갖고 있습니다. 제가 수 년 전에 싱가포르경영대학교SMU에서 부교수로 재직한 적이 있습니다. 그때 제가 학생들한테 왜 싱가포르경영대에 왔느냐고 물어봤습니다. 학생들이 가장 많이 꼽는 이유가 무엇이었는지 아십니까? 바로 위치였습니다. 싱가포르 도심에 위치하고 있어서 왔다는 학생들이 생각보다 많았습니다. 많은 대학들이 생각할 때 위치가 그렇게 중요하지 않을 거라고 생각하시는데 그렇지 않습니다. 홍콩은 굉장히 작은 도시입니다. 그런데 이 작은 도시에서 뒤로는 산이 있고 앞으로는 물이 있는, 그야말로 배산임수의 풍수지리에 맞는 지역에 저희 대학이 위치해 있습니다. 많은 학생들이 저희 대학을 선택하는 이유 중 하나가 바로 이 탁월한 환경입니다. 이처럼 위치도 학생들이 고려하는 요소라는 것, 그리고 거주 환경도 중요하다는 것을 강조하고 싶습니다. 이런 탁월한 입지 때문에 많은 국제기구들이 저희 대학 캠퍼스에서 국제회의를 개최하기도 합니다. 기회가 되신다면 경희대학교 교수진들도 홍콩과학기술대 캠퍼스를 꼭 방문하시기 바랍니다. 굉장히 아름다운 캠퍼스입니다.

홍콩과학기술대학의 순위

국제적인 대학 순위에서 저희 대학이 어느 순위를 차지하는지 궁금하실 겁니다. 물론 대학 순위가 그 대학의 모습을 정확하게 말하는 것은 아닙니다. 대학 순위는 굉장히 제한된 부분만 순위를 매기기 때문입니다. 그럼에도 불구하고 대학 순위라는 것은 이 대학의 현황과 방향에 대해 많은 부분을 말해줍니다.

우선 여러 분야별로 홍콩과학기술대학의 순위가 어떻게 되는지 이야기해보겠습니다. 홍콩과학기술대는 QS 월드유니버시티 랭킹에서 40위를 달성했습니다. 작년에 QS 아시아대학 랭킹에서는 1위를 달성한 바 있습니다. 홍콩대와 간발의 차이로 1위를 했습니다. 〈타임스〉 고등교육기관 순위에서는 62위를 차지했습니다. 〈타임스〉 순위가 약간 떨어진

	2006	2007	2008	2009	2010	2011	Sources
HKUST	58	53	39	35	40	40	*QS World University Rankings*
				4	2	1	*QS World University Rankings*
	58	53	39	35	41	62	*Times Higher Education*
	250	292	312	279	284	295	*SJTU Academic Rankings of Word Universities*

홍콩과학기술대학교의 대학순위 추이

이유는 〈타임스〉의 순위 산정 방법이 약간 바뀌었기 때문입니다. 그리고 SJTU 아카데미 랭킹의 경우는 순위가 상당히 떨어져서 295위입니다. SJTU 순위의 경우, 노벨상 수상 여부라든지 과학 분야에 중요성을 두고 있기 때문에 순위가 약간 주춤했습니다.

주제별로 살펴보면 공학이 굉장히 강합니다. QS 월드유니버시티 랭킹에서 공학은 22위를 차지했습니다. 〈타임스〉 순위에서도 28위를 달성했습니다. 공학 기술 및 컴퓨터공학에서는 SJTU 랭킹에서 36위를 차지했고 컴퓨터공학에서는 21위를 차지했습니다. 이 순위를 보면 저희 대학의 강점이 어디인지 여실히 드러납니다. 마찬가지로 생명과학, 자연과학 및 물리학에서도 비슷한 순위를 보이고 있습니다.

최근 들어서는 홍콩과학기술대의 강점이 공학에만 국한되지 않고 사회과학과 경영학 분야에서도 두드러집니다. 특히 저희 비즈니스스쿨이 대학 순위가 대학 전체를 다 보여주는 건 아닙니다. 그렇지만 순위가 매겨지는 분야는 학문의 수월성을 평가받는 것이기 때문에 해당 분야에서 높이 평가받는 데 대해 큰 자부심을 느끼고 있습니다.

MBA라든지 EMBA 프로그램에서 아주 높은 순위를 차지하고 있습니다. EMBA 프로그램은 켈로그대학 및 노스웨스턴대학과 조인트 프로그램으로 운영하고 있습니다. 그래서 〈파이낸셜타임스〉 같은 경우는 EMBA 프로그램을 계속 1위로 꼽고 있습니다. 비즈니스스쿨 역시 UTDUniversity of Texas at Dallas 랭킹에서 18위를 차지하는 등 국제적으로 인정을 받고 있습니다.

대학 순위가 대학 전체를 다 보여주는 것은 아닙니다. 그렇지만 순위가 매겨지는 분야는 학문의 수월성을 평가받는 것이기 때문에 홍콩과학기술대가 해당 분야에서 높이 평가받는 데 대해 큰 자부심을 느끼고 있습니다.

아시아에서의 고등교육 발전

다음으로 아시아에서의 고등교육 발전에 대해 몇 가지 말씀을 드리면

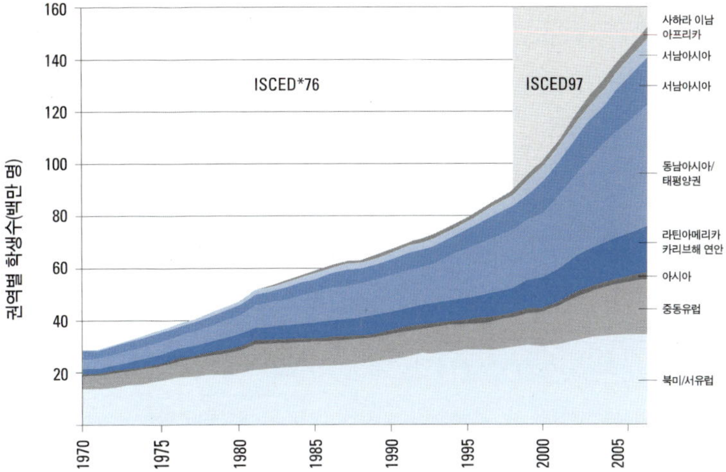

지역별 대학진학률 변화 추이

* ISCED(국제교육표준등급) : 유네스코에서 정한 정규교육과정 관련 지표로, 1975년에 공표된 이후 두 차례(1997년과 2011년) 개정.

서 아시아 고등교육의 특징에 대해 이야기해보겠습니다. 옆의 그래프는 대학 진학률이 지역별로 어떤 편차를 보이고 있는지 잘 드러내 줍니다. 초록색 부분이 동아시아 및 태평양 지역입니다. 지난 30~40년 동안 대학 진학률이 매우 낮았는데 이 수치가 4배 이상 성장하였습니다. 다른 지역에 비해 아주 크게 성장한 것을 보실 수 있습니다. 북미나 서유럽 지역도 물론 성장이 있었습니다마는 동아시아 및 태평양 지역처럼 크게 성장하지는 않았습니다. 아시아 지역은 대학 진학률이 많게는 4배

동아시아 및 태평양 지역은 지난 30~40년 동안 대학 진학률이 매우 낮았는데 이 수치가 4배 이상 성장하였습니다. 북미나 서유럽 지역도 이 지역처럼 크게 성장하지는 않았습니다. 아시아 지역은 대학 진학률이 많게는 4배까지 성장하는 등 가장 두드러진 성장세를 보이고 있습니다.

까지 성장하는 등 가장 두드러진 성장세를 보이고 있습니다.

이번에는 국가별로 살펴보지요. 중국 본토는 1999~2005년 사이에 대학 진학률이 크게 성장했습니다. 대학 진학률이 1999년도에 6%였다가 2005년에는 20%까지 급성장했습니다. 그리고 R&D 지출도 1993년도에는 세계 R&D 지출 총액의 3.6%였던 것이 2003년도에는 9.5%로 성장했습니다. GDP 대비 현재 1.34%인 수치를 2020년에 2.5%로 늘릴 것을 목표로 하고 있습니다. 그만큼 중국이 교육이나 과학 발전에 관심이 높습니다.

한국도 마찬가지입니다. 한국의 경우 고등교육 예산이 90년도 이후에 6배나 성장했습니다. 정부 지출의 20%가 교육 부문입니다. 특히 한국의 대학 진학률은 세계 최고가 아닌가 싶습니다. 적어도 아시아에서는 최고인 것으로 알고 있습니다. 고등학생들의 대학 진학률이 86%라고 하지요. 물론 국립대학뿐만 아니라 사립대학을 다 포함한 수치라고 알고 있습니다. R&D 지출도 1991년도에 GDP 대비 1.77%였던 것이 2007년도에는 3.21%로 성장하는 등 한국이 아시아 지역에서 R&D 지출

비율이 가장 높은 국가라고 알고 있습니다. 그에 걸맞게 최근 수년 동안 한국이 과학기술 발전에서 선도적인 역할을 수행하고 있는 것으로 보입니다.

싱가포르 정부 역시 대학교육, 고등교육에 많은 투자를 하고 있습니다. 그래서 현재 26%인 대학 진학률을 2015년까지 30%로 늘리는 것을 목표로 하고 있습니다. 얼마 전에 싱가포르 교육부 대표단이 홍콩과학기술대를 방문했습니다. 그분들 말씀이, 싱가포르에서도 교육모델을 계속 강화 · 보강하고 있고 대학 진학률을 높이기 위해 많은 노력을 기울이고 있다고 합니다. 그래서 제가 싱가포르가 대학교육을 강화하고자 하는 이유가 무엇인가 하는 근본적인 질문을 드렸습니다. 대학교육을 어떤 철학으로 생각하고 있는지, 대학교육은 엘리트교육인지 대중교육인지에 대해 열띤 토론을 했던 기억이 납니다. 대부분의 국가가 대학교육에 투자할 때 제일 먼저 자문해야 하는 질문입니다. 싱가포르도 많이 발전했는데 싱가포르의 경우 1990년 R&D 예산이 GDP 대비 1.9%였던 것이 2008년도에는 2.8%로 성장했습니다. 2015년까지 3.5%로 늘릴 계획이라고 합니다. 싱가포르는 굉장히 작은 나라입니다. 이를 감안해 봤을 때 R&D 총금액은 그리 많지 않습니다. 2009년도 현재 싱가포르달러로 60억 달러 정도입니다.

홍콩의 경우 3·3·4개혁이라는 것이 출범했기 때문에 앞으로 홍콩의 대학생 수는 33% 늘어나고 교수진 숫자도 1,000명 정도 늘어날 것으로 보고 있습니다. 지금까지는 홍콩의 R&D 지출이 매우 저조했습니다. 지난 10~20년 동안 R&D 지출이 많지 않았습니다. 2005년부터 2009년까지 예산 지출이 약간 성장하긴 했습니다만 전체적으로 GDP 대비 비중이 여전히 0.8%밖에 되지 않습니다. 아시아의 다른 선진도시나 국가들과 비교해 R&D 지출이 턱없이 부족했습니다. 저희는 홍콩 정부가 R&D 지출 예산을 늘리도록 촉구하고 있습니다. 홍콩이 R&D 지출이 저조하기 때문에 홍콩 대학에서는 최근 들어 중국 본토로부터 연구기금을 신청하는 현상이 두드러지게 나타나고 있습니다.

그렇다면 왜 대학 관련 지출을 계속 늘릴까요? 경제 성장의 가장 중

국가 간 학생유입 규모	1987	2002	Multiplier
US, France, UK	523,134	1,063,116	2.0
China	3,250	85,829	26.4
Japan	10,697	86,505	8.1
Republic Korea	900	4,956	5.5
한·중·일 총계	14,847	177,290	11.9
국가 간 학생유출 규모	**1987**	**2002**	**Multiplier**
US, France, UK	46,720	124,103	2.7
China	42,491	274,144	6.5
Japan	15,335	62,938	4.1
Republic Korea	22,468	83,242	3.7
한·중·일 총계	80,294	420,324	5.2

홍콩 유학생 유입/유출 증가표

요한 원동력은 사람입니다. 고등교육이야말로 인재를 양성하는 가장 큰 지름길입니다. 최근 들어서 학생들의 국가 간 이동이 급증했습니다. 아시아 내에 외국계 학생들이 굉장히 늘어나고 있습니다. 표에서 보시는 것처럼 영국, 프랑스, 미국에서 유학 오는 학생들이 가장 많습니다. 마찬가지로 홍콩 학생들이 유학을 갈 때도 미국, 프랑스, 영국으로 가장 많이 갑니다. 중국 · 일본 · 한국 이 세 나라에서 홍콩으로 유학을 오는 학생들이 11.9배 증가했으며, 이 지역으로 유학 가는 학생들은 5.2배 성장했습니다. 과거에는 미국이나 영국에 국한되다가 최근 들어 여타 아시아 국가로 확장되고 있습니다.

직업 능력을 배양하는 교육뿐만 아니라 학문적으로도 발전 가능한 프로그램을 계속 제공할 때 비로소 홍콩에서 고등학교를 졸업한 학생들이 홍콩 대학에 진학하고 외국 학생들도 홍콩으로 들어올 것입니다. 그래서 교육 패러다임이 바뀌고 있습니다. 교육을 하고 학생 수를 유지하는 데 그칠 게 아니라 외국에서 학생들을 유치하는 노력이 필요합니다. 단기 유학생이더라도 더 많은 인재가 홍콩에 머물다 갈 수 있어야

일시적으로 홍콩에서 일하면서 공부하는 인재들을 어떻게 활용할지가 홍콩의 경제 발전에 가장 큰 화두가 될 겁니다. 가장 좋은 방법은 이들에게 좋은 교육을 제공하고 이들이 홍콩에 계속 머물면서 일할 수 있는 환경을 조성하는 것입니다.

합니다. 이동성이 좋아져서 많은 인재들이 전 세계를 옮겨가면서 공부하고 있습니다. 그 경로의 중심에 홍콩이 자리잡도록 하자는 것이지요.

잘 아시다시피 홍콩은 한때 영국령이었습니다. 그래서 홍콩에 거주하는 영국인도 많고 몇 년 동안 홍콩에 거주하다가 다시 본국으로 돌아가는 사람들도 많았습니다. 이렇게 일시적으로 홍콩에서 일하면서 공부하는 인재들을 어떻게 활용할지가 홍콩의 경제 발전에 가장 큰 화두가 될 것입니다. 홍콩이 발전할 수 있는 가장 좋은 방법은 이들에게 좋은 교육을 제공하고 이들이 홍콩에 계속 머물면서 일할 수 있는 환경을 조성하는 것입니다.

대학순위 제도의 발전

다음으로 그동안 대학순위 제도가 어떻게 발전했는지 간단하게 설명드리겠습니다. 한국 대학들도 대학 순위에 대해 관심이 크다고 들었습니다. 어떻게 하면 대학순위를 높일 수 있을까 대학마다 고민하고 계실 겁니다. 그렇다고 저에게 어떤 비법이 있는 것은 아닙니다. 그저 홍콩과학기술대학이 어떤 노력을 했는지를 말씀드리는 정도입니다. 그리고 저희도 아직 배워나가는 과정이기 때문에 저희의 방법이 정답이라고 할 수도 없습니다.

대학 순위와 관련하여 아주 흥미로운 상황은 이런 대학 간 순위 제도가 점점 더 늘어나고 있다는 것입니다. 국가 내 대학 간 순위뿐만 아니라 국제적인 순위 비교도 늘고 있습니다. 이런 상황에 대응하기 위해서 대학들은 어떤 노력을 하고 있을까요?

우선 간단하게 배경을 설명드리죠. 20~30년 전만 하더라도 상황이 많이 달랐습니다. 당시에는 대학 순위를 매기는 기관이 몇 안 됐고, 순위를 매기더라도 미국이나 영국 대학에 국한되었습니다. 미국의 경우 1983년도에 대학 순위 제도의 시초라 할 수 있는 〈US 뉴스앤월드리포트〉라는 순위가 나왔습니다. 그 다음에 〈선데이타임스〉에서 '대학가이드' 라는 것이 만들어졌죠. 이것도 23년 전 이야기입니다. 지난 20~30년

초창기
US News & World Report-College & University Rankings The Sunday Times University Guide The Times Good University Guide
현재
Academic Ranking of World Universities / G-factor / Guardian / HEEACT - Ranking of Scientific Papers / High Impact Universities: Research Performance Index / Newsweek / Professional Ranking of World Universities / QS World/Asian University Ranking / SCImago Institutuons Rankings / Times Higher Education World University / Reputation Rankungs / Webometrics Rankin ... and the list goes on

세계의 대학평가 기관 목록

동안 가장 영향력 있는 대학 순위 기관은 〈US뉴스앤월드리포트〉였습니다. 〈US뉴스앤월드리포트〉에서 순위가 한 단계만 올라가도 학생들의 원서 접수율이 두 자릿수로 늘어났다는 연구 결과가 있을 정도로 영향력이 굉장히 컸습니다.

그런데 최근 들어서 대학 순위를 매기는 기관들이 우후죽순으로 늘었습니다. 여기 적혀 있는 것은 몇 개에 불과하고 이보다 수십 배가 넘는 순위들이 쏟아져 나오고 있습니다. 한 국가 내의 대학 순위를 매기는 데에서 나아가 이제는 이런 일이 국제적으로 이루어지고 있습니다. 또한 대상 분야가 다양화되었습니다. 어떤 기관은 대학 전체가 아닌 특정 학과나 전공에만 국한해서 순위를 매기는 경우도 있습니다. 확실한 것은 이런 제도가 보다 더 글로벌화되고 있다는 사실입니다. 과거만 하더라도 대학의 순위를 매기는 일이 제한적인 현상이었다면 오늘날에는 전 세계적인 현상으로 변모하고 있습니다. 20~30년 전에는 대학 순위라는 주제로 강의를 한다는 건 상상도 할 수 없는 일이었겠지만 이제는 전 세계적인 현상이 됐습니다.

왜 이렇게 대학 순위가 확산되고 있을까요? 여러 가지 이유가 있겠지만 그중 몇 가지만 말씀드리겠습니다. 하나는 고등교육의 국제화 현상 때문이라고 하겠습니다. 이제는 미국, 영국뿐만 아니라 여타 아시아 국가로 유학을 가는 학생들이 늘어나고 있습니다. 즉, 학생들의 이동성이 증가하고 있습니다. 이 상황에서 각국 학생들이 유학 오도록 그들에게 학교를 알리는 가장 좋은 방법은 대학 순위를 높이는 것입니다.

대학의 순위를 매기는 작업이 확산된 데는 또 다른 측면도 있습니다. 사실 고등교육 기관의 질을 완전히 정량화하여 평가한다는 것은 굉장히 어려운 작업입니다. 하지만 고등학생이나 학부모들은 어떻게든 정량화된 수치를 제시하는 기관이 있으면 그런 것을 참고합니다. 순위 기관들은 주로 정량화된 수치들을 활용하고 일부 정성적 요인들을 감안합니다.

게다가 최근 들어 인터넷을 통해 대학 관련 데이터를 수집하는 일이 수월해졌습니다. 그러다 보니 공공 자료로 제공되는 수치만으로도 정성적인 분석이나 정량적인 분석을 시도하는 기관들이 늘고 있습니다. 언론이 이런 순위에 굉장히 민감한 것도 한몫합니다. 어떤 순위에 어떤 대학기관이 높이 올랐다 하면 이것이 언론기관을 통해 보도되면서 크게 전파가 되겠지요. 뿐만 아니라 대학은 어느 정도 사회적 책임성이 존재합니다. 즉, 대학은 사회와 지역 시민들에게 어떤 식이로든 공헌할 책임이 있습니다. 그래서 일반 공동체에 대한 책무성의 잣대로서 대학 순위를 매기기도 합니다.

제가 얼마 전 참여한 컨퍼런스에서 들은 이야기로는, 러시아의 경우 상위 300위 안에 들어간 대학을 특별 지원하는 법안을 추진하고 있다고 합니다. 이는 극단적인 사례지만 이처럼 대학 순위를 굉장히 심각하게 받아들이는 주체가 늘어나고 있습니다. 대학 순위가 100% 과학적이고 확실한 건 이런 대학순위 제도가 보다 더 글로벌화되고 있다는 사실입니다. 싱가포르에서는 대학순위가 하락하면 지원을 철회하거나 삭감하는 사례도 있습니다. 정부도 대학 순위를 감안하기 시작했습니다.

완벽하다는 말씀은 전혀 아닙니다. 그럼에도 대학 순위를 대학이 자신들의 책무성을 다하고 있다는 증거로 활용하려는 주체들이 늘어나고 있기 때문에 이제 더 이상 대학 순위를 간과할 수는 없다는 것입니다.

그러면 대학 순위 제도는 어떤 영향을 끼치고 있을까요? 학생, 학부모뿐만 아니라 대학을 후원하는 기부자의 입장에서도 순위는 중요한 의미를 띕니다. 그리고 일반 시민들의 입장에서는 특정 대학이나 기관에 대한 깊이 있는 자료에 접근할 수 없기 때문에, 대학 순위가 굉장히 현실적으로 느껴질 것입니다. 아마 한국 국민들도 대학 순위를 굉장히 중요하게 생각하실 겁니다. 학자들은 대학의 핵심 경쟁력이 무엇인지 따로 설정할 수 있겠지만 이런 순위를 무시할 수는 없습니다.

최근에는 기금을 공여하는 기관이나 품질을 인증하는 기관들도 대학 순위를 고려사항으로 참고하고 있습니다. 싱가포르에서는 고등교육 기관을 후원하거나 공적 자금을 지원할 때 대학 순위가 하락하면 지원을 철회하거나 삭감하는 사례도 있습니다. 정부도 대학 순위가 하나의 미래 지향적인 잣대라고 보고 있기 때문에 이를 감안하기 시작했습니다.

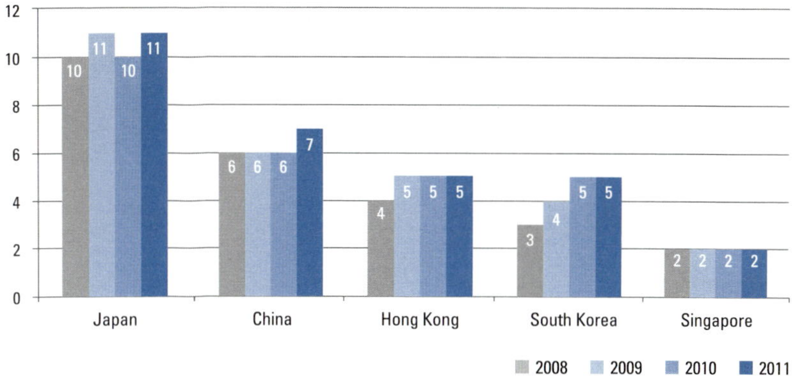

아시아권 5개국별 세계대학평가 200위권 진입 현황 2008-11

이제 더 많은 대학들이 브랜딩이라든지 마케팅을 통해서라도 순위를 올리기 위한 노력을 하고 있습니다. 예를 들어서 인지도 조사나 인식 조사를 수행하면서 브랜딩이나 마케팅 활동을 접목시키기 위해서 노력하는 대학들이 늘어나고 있습니다. 학부모, 후원기관 등 이해당사자들도 대학 순위에 대한 관심이 점점 더 높아지고 있습니다. 너무 지나치게 대학 순위에만 집중하느라고 우리의 핵심적인 역량을 간과하는 것은 아닌가 걱정하는 분들도 계실 겁니다. 제가 볼 때 주객전도의 상황은 아니고 양쪽이 균형을 맞추려는 노력이라고 봅니다.

이번에는 최근 아시아 대학들의 순위를 살펴보지요. QS 월드유니버시티 랭킹을 예로 들어보겠습니다. 아시아 대학 중에서는 일본 대학들이 항상 높은 순위를 보여왔습니다. 상위 200위권에 들어가는 대학의 숫자가 꽤 많습니다. 중국 대학들도 계속해서 순위가 올라가고 있습니다. 그리고 나머지 국가들은 비슷한 수준을 유지하고 있습니다. 홍콩은 UGC가 지원하는 8개 대학 중 5개 대학이 200위권에 들어가 있고, 한국도 5개 대학이 포함되어 있습니다. 싱가포르는 2개의 대학이 속해 있습니다.

국가별 대학 시스템의 강점과 약점을 살펴볼까요? 표를 보시면 일본 대학들이 2011년에 어떤 성과를 거두었는지 알 수 있습니다. 전체적인

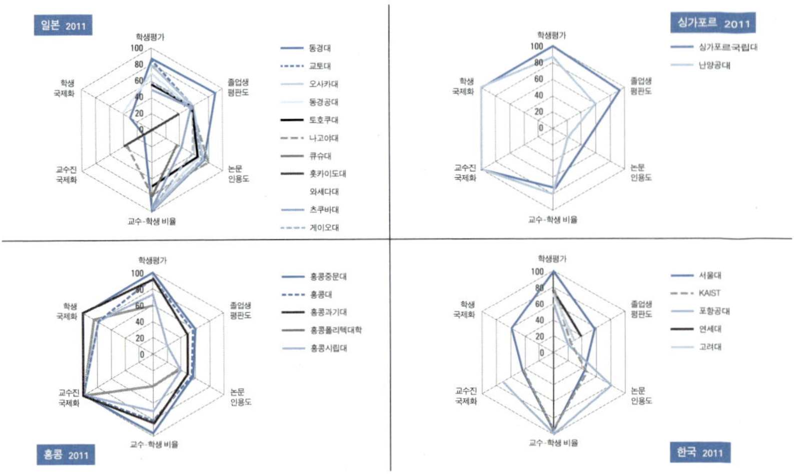

아시아 주요 4개국 대학 평가 분석

경향만 보면, '학계 평가peer review' 점수가 굉장히 높게 나오고 '졸업생 평판도employer review'도 높게 나타나고 있습니다. 교수진의 논문 발표 숫자도 높고 학생과 교수진의 비율도 비교적 긍정적입니다. 반면에 외국인 학생 비율이나 외국인 교수진의 점수가 낮은 편입니다.

싱가포르 대학들은 외국인 학생 비율이나 외국인 교수진의 숫자가 굉장히 높으며, 학계 평가와 졸업생 평판도도 높습니다. 그러나 교수들의 논문 인용 지수가 낮습니다.

홍콩의 경우 국제화 지수나 학계 평가 점수는 높습니다. 학생 대 교수 비율도 긍정적입니다. 그렇지만 논문 인용 지수는 비교적 낮은 수치입니다. 졸업생 평판도도 조금 낮게 나타나고 있습니다.

한국은 어떤지 보겠습니다. 200위 안에 포함된 대학이 5곳인데, 서울대학교의 경우 학계 평가가 굉장히 높게 나타나고 있고 졸업생 평판도는 홍콩과 비슷한 중간 정도의 수치를 보이고 있습니다. 흥미롭게도 포항공대는 연구 성과가 굉장히 높습니다마는 나머지 대학은 낮습니다. 그리고 학생 대 교수 비율은 비교적 높게 나타나고 있고, 일본과 마찬가지로 국제화 지표는 조금 더 낮은 점수를 보이고 있습니다. 유학생들의 숫자라든지 외국계 교수진의 숫자는 일본과 비슷하게 비교적 점수가 낮은 편입니다. 물론 이러한 내용이 대학의 역량을 모두 포착하는 방법론이라고 할 수는 없습니다. 하지만 이런 수치들을 통해서 어떤 부분을 개선해야 할지 아이디어를 얻는 좋은 자료가 될 수 있다고 봅니다.

순위 상승의 5단계 모델

어떤 과정을 거치면 대학 순위가 올라갈 수 있을까요? 제가 5단계 모델을 만들어봤습니다. 변화 관리에 사용되는 전형적 모델을 조금 변형한 것이라고 보시면 됩니다. 당연한 말씀이지만, 대학 순위에 적절하게 대응하려면 변화에 적응해야 합니다. 그러기 위해서는 교수진에서 교직원들까지 마인드 자체가 바뀌어야 됩니다.

그림을 보시면 화살표가 좌에서 우로 향하고 있지만 어떤 단계에 도달하는 것이 최고라는 뜻은 아닙니다. 우선 첫 번째 단계는 전형적으로 봤을 때 '무지와 불신의 단계' 입니다. 대학 순위에 대해 전혀 모르는 단계입니다. 도대체 뭘 측정하는지도 모르겠고, 그러다 보니 이 단계에 있는 대학은 대학 순위 자체를 믿지 못합니다. 두 번째 단계는 '인지의

1단계 무지/불신	2단계 인지	3단계 수용	4단계 옹호와 실행	5단계 자기성찰
학계의 통념	제한된 이해	다른 분석들의 장점수용	세부분석과 모델화작업	심사숙고
와닿는 것과 와닿지 않는 것	결점 인지	이해 제고	수행역량 최적화	관련자료간 상관성 파악
				개선지향 마인드 설정
이해당사자와의 괴리	수동적 반응	이해당사자와의 괴리	국제적 조율과 소통, 행동	통념/가정의 재점검

대학 순위 상승의 5단계 모델

단계' 입니다. 대학 순위에 대해 제한적으로나마 조금 알기 시작했지만, 딱히 대응은 하지 않는 단계라고 할 수 있습니다. 세 번째 단계가 바로 '수용의 단계' 입니다. 대학 순위라는 것을 더 이상 피할 수 없고 주변 이해당사자들이 대학 순위를 중요하게 생각하고 있다는 사실을 받아들이는 단계입니다. 네 번째 단계는 '옹호와 실행의 단계' 입니다. 행동의 단계죠. 이 단계에서는 대학 순위를 받아들이는 데 그치지 않고 이에 대해 능동적인 행동을 취하게 됩니다. 평판도를 개선하고 순위를 높이기 위해 무엇을 해야 할지 적극적으로 모색하고 실행하지요. 마지막 단계가 바로 '자기성찰의 단계' 입니다. 대학 순위를 통해서 대학 내에서 스스로 자기성찰을 하고, 폭넓은 이해당사자들과의 대화를 통해 대학의 신념이 무엇이고 정말 개선하고 싶은 것이 무엇인지 진지하게 검토하는 단계라 할 수 있습니다.

단계별로 좀 더 세부적인 이야기를 해보겠습니다. 우선 첫 번째 '무지와 불신의 단계' 입니다. 이건 아주 당연한 반응입니다. '너무 비과학적인 방법론 아니야?', '이 방법론 자체를 믿을 수가 없어' 라는 말이 이 단계의 전형적인 반응입니다. 어떤 교수진은 '학문적인 가치관에 반하는 방법론이다', '이런 순위는 무시해야 된다' 라고도 말씀하실 겁니다. '우리 대학에 측정할 수 없는 강점이 얼마나 많은데 감히 어떻게 대학 순위를 매기냐' 고 생각하시는 분도 계십니다.

이 단계에 있는 대학은 대학 순위에 아예 참여하기를 거절하거나 데이터 제공을 거부하곤 합니다. 수 년 전 제가 싱가포르대학에서 일할 때 그 대학의 반응도 그랬습니다. 대학 순위의 대상이 되고 싶지 않다고 거절했고 데이터 제공도 거부했습니다.

이 단계에서는 이해당사자들의 시각을 고려하지 않습니다. 우리의 이해당사자들은 순위를 보고 있는데도 이를 계속 무시합니다. 자연스럽게 이해당사자들과 우리는 단절되겠지요. 대학에는 후원자들도 있습니다. 대학에 기부하시는 분들도 소위 잘 나가는 대학에 투자를 하고 싶어 합니다. 이것을 간과해서는 안 됩니다. 그렇기 때문에 무지의 단계에 오래 머무르는 것은 대학의 입장에서는 좋은 태도가 아닙니다.

두 번째 '인지의 단계' 는 순위 결과를 다 믿을 수는 없지만 그래도 적어도 대학 순위에 대해서 조금 이해하려고 하는 단계입니다. 교수진이나 교직원들의 경우, '이것 봐라, 이 대학이 이런 순위를 받다니, 이건 좀 이상하다' 라며 자꾸 틀린 부분을 찾아내려고 합니다. 아직도 대학 순위를 적극적으로 포용하기보다는 부분적으로 인지만 하고 문제점을 찾고 있는 단계입니다. 대학 순위와 관련된 일은 홍보 부서에서나 다룰 일이지 대학 경영진이나 상위 거버넌스에 계신 분들의 관심사가 아니라고 생각합니다. 구체적인 순위에 대한 관심도 없고, 각각의 순위에 대해 이를 분석하고 내용을 이해하는 능력이 떨어집니다. 반응은 항상 수동적이고 사후적입니다. 언론에서 취재를 나와도, 대학 순위는 별로 신뢰할 수 없다고 하거나 방법론이 틀렸다고 지적하는 경우가 많습니다. 그리고 자신들은 대학 순위를 그렇게 신뢰하고 있지 않지만, 공공에서 어떤 압력이 있기 때문에 그냥 참여는 하고 있다는 정도로 대응합니다.

그럼에도 불구하고 일반 대중들은 계속해서 알고 싶어 합니다. 왜 이 대학의 순위가 저조하냐고 계속 물어옵니다. 이에 대해서 계속 수동적으로만 대응할 수는 없습니다. 홍콩과학기술대의 경우, 수 년 전만 해도 대학순위위원회 같은 별도의 위원회를 두지 않았습니다. 그때그때 임시방편으로 대응하는 것이 전부였습니다. 2007년 영국 〈타임스〉 선정 대학 순위에서 홍콩과학기술대는 50위 정도 했던 것으로 기억합니다. 그때 우리는 고위 위원회에서 순위 결과의 잘못된 점을 찾아내는데 국한해서 논의했지 그다지 깊이 있게 연구하지 않았습니다. 그렇지만 이 단계를 거치면서 많은 발전이 있었습니다. '왜 이 대학이 우리보다 순위가 높냐' 는 식의 여러 가지 질문을 하면서 순위에 대해 보다 깊이 이해하기 시작했기 때문입니다.

세 번째인 '수용의 단계' 에서는 대학들이 평가 방법 및 결과 등 관련 내용에 대해서 내부 구성원들과 정보를 공유하게 됩니다. 런던경제대학London School of Economics, LSE을 일례로 말씀드릴 수 있습니다. 2008년도에 런던경제대학의 순위가 크게 떨어진 적이 있었습니다. 당시 일부 교수들이 〈타임스〉 QS에 문제가 있다는 내용으로 장문의 편지를 보냈습니다. 계속 발표될 대학 순위가 걱정돼서 그간 이뤄진 평가 결과에 대한 반박 자료를 보냈던 것입니다. 최근에도 11명의 일본 교수들이 또 한 번 긴 편지를 써서 〈타임스〉의 기준에 반박했습니다. 어느 정도 효과가 있었던 것 같습니다. 2011년도에 일본 대학들의 순위가 개선되었기 때문입니다. 이렇게 수용의 단계가 되면 분석도 하고 벤치마킹을 하게 됩니다. 저희들도 여러 해 동안 홍콩 소재 대학들, 홍콩 이외의 지역에 있는 대학들과 홍콩과학기술대학교를 비교했습니다.

네 번째 '옹호와 실행의 단계' 에서는 어떻게 하면 순위를 좀 더 개선할 수 있을지 고민하게 됩니다. 어느 대학이나 학문적인 수월성이 가장 중요하다는 것을 인식하고 있습니다. 중동 대학들도 학문적 성과를 위해 매우 공격적으로 노력하고 있습니다. 학문적 성과가 있는 교원들을 유치하기 위해 많은 노력을 기울이고 있습니다. 이와 비슷하게 중국 본토에는 1,000명의 인재를 유치한다는 프로그램이 있습니다. 그렇지만 이런 노력만으로 대학의 순위가 개선되는 것은 아닙니다. 궁극적으로 중요한 것은 대학 자체의 목표에 맞게 학문적으로 우수해져야 됩니다.

아무튼 네 번째 단계에서는 구체적인 분석을 하고 모델링을 하고 시뮬레이션을 하고 어떻게 하면 순위를 최적화할 것인지 고민하게 됩니다. 뿐만 아니라 내부의 이해당사자들의 참여를 이끌어내기 위해 대학 순위에 대해 끊임없이 소통합니다. 이때 유념해야 할 점은 그 대학의 학문적인 목표를 절대로 놓쳐서는 안 된다는 것입니다.

저희는 매우 구체적으로 대학 순위를 분석했습니다. 2010년도 QS 아시아대학 순위 발표 당시 저희는 홍콩의 대학들, 그리고 몇몇 싱가포르 대학과 저희 대학을 비교해보았습니다. 각 영역별로 점수를 비교하면서 각 영역에서 좋은 점수를 받은 다른 대학의 요인이 무엇인지, 우리는 어떻게 개선을 할 것인지 고민했습니다. 예를 들어, 외국인 학생 수는 홍콩과 싱가포르의 모든 대학들이 비슷하게 매우 높은 점수를 받았습니다. 따라서 학계 평가와 교수 1인당 학생 수 부문에서 개선 여지를 찾았고, 두 부문에서 무엇을 해야 할까를 고민했습니다. 저희는 '순위위원회' 를 구성했습니다. 대학교의 여러 대표들을 포함시켜 이러한 방법론에 대해 분석하고 이를 어떻게 개선할 것인지를 함께 숙의했습니다. 교수 1인당 학생 수를 중심으로 순위 개선 방법을 모델링하고 최적화해서 작년도에 실제로 아시아 대학 순위가 개선되었습니다.

마지막은 '자기성찰의 단계', 바로 대학 순위가 던지는 시사점이 무엇인지를 고민하는 단계입니다. 데이터를 통해서 어떻게 변화를 주도할 것인가를 고민하는 단계입니다. 단순히 순위 결과만을 보는 것이 아니라 어떤 학문적 우수성을 더 강화할 것인가 고민합니다. 데이터의 상관관계를 비교하기도 하고 내부 데이터와 비교해보기도 합니다. 대학평가기관의 평가 결과를 다양한 측면에서 분석합니다. 연구 성과, 평판, 논문 결과 등의 데이타를 다른 대학들과 비교 · 검토합니다. 각종 평가부문별로 왜 우리의 점수가 낮았는지 또는 높았는지 비교해 보기도 합니다. 이러다 보면 지금까지 아무도 의문을 품지 않았던 부문들에 대

> 대학 순위는 거역할 수 없는 흐름이기 때문에 받아들이고 최적화할 필요가 있으며 보다 구체적 분석으로 통찰력을 얻는 것이 바람직합니다. 그러다 보면 순위는 자연스럽게 따라오게 됩니다. 또한 이해당사자들의 인식을 관리하는 것이 중요합니다.

해서 다시 한 번 재고하게 되는 계기가 되기도 합니다.

결론적으로 말씀드리자면, 대학 순위는 우리가 거역할 수 없는 흐름이기 때문에 대학 순위를 받아들이고 최적화할 필요가 있으며 보다 구체적인 분석을 통해 통찰력을 얻는 것이 바람직합니다. 그러면서 대학의 학문적인 핵심 목표와 가치를 재확인하고 학문적 수월성을 꾸준히 추구하다 보면 순위는 자연스럽게 따라오게 됩니다. 또한 이해당사자들의 인식을 관리하는 것이 중요합니다. 대학도 마케팅과 브랜딩이 중요합니다. 이런 평판들이 현실에 영향을 미칠 수도 있다는 인식이 필요합니다.

성장 전략 구상

홍콩과학기술대학은 2005년도에 15개년 전략 비전을 수립했고, 현 첸 총장 산하에서 액션 중심의 전략 계획을 수립했습니다. 전략 기획 과정

총장 산하에서 액션 중심의 전략 계획을 수립했습니다. 이 과정은 하향식과 상향식을 병행했습니다. 이런 하향-상향 병합 모델을 통해 대학의 모든 이해당사자들이 하나의 전략, 하나의 이니셔티브를 수립할 수 있었습니다.

은 하향식과 상향식을 병행했습니다. 우선 학과장을 중심으로 여러 차례 간담회를 가졌습니다. 대학교의 목표를 논의하고 여러 가지 아이디어를 제시했습니다. 여러 학과와 협의 및 피드백 과정을 거쳤습니다. 그런 다음에 경영진을 중심으로 한 간담회를 가졌습니다. 여러 아이디어와 데이터를 통합하고 교직원과 학생들을 대상으로 표본조사를 실시하여 아이디어를 검증한 후 대학평의회와 대학법정에서 이를 논의했습니다. 평의회에서는 내부용 버전의 전략 계획을 승인했고 대외용 버전을 만들었습니다. 그 후 각 단위 조직별로 연간 계획 수립 과정을 통해서 구체적인 실행 계획을 마련했습니다. 이런 하향-상향 병합 모델을 통해 대학의 모든 이해당사자들이 하나의 전략, 하나의 이니셔티브를 수립할 수 있었습니다.

6대 중점육성 분야 선정

이 전략 계획에는 6개의 중점 육성 분야가 들어 있습니다. 첫 번째는 교육입니다. 여기에는 4년제 학부 프로그램을 발전시킨다는 계획이 포함되어 있으며, 연구 중심의 교육 강화, 학제간 교육 및 국제 학술 교류 확대 등의 내용도 들어 있습니다.

두 번째 육성 분야가 연구 분야입니다. 학제별 연구, 테마 중심의 연구를 육성한다는 것이 핵심입니다. 다양한 학제를 지원하면서도 몇 개의 중점 연구 테마를 바탕으로 집중적인 연구를 하기로 방침을 정했습니다. 또한 홍콩뿐만 아니라 중국 본토로 연구 기반을 확장한다는 내용이 포함되어 있습니다. 이러한 모든 과정을 추진하기 위해서는 교수가 굉장히 중요합니다.

그래서 세 번째 육성 분야는 바로 교원입니다. 우수한 교수, 다양한 교수진을 전 세계에서 유치한다는 계획을 갖고 있습니다. 이를 위해서는 연구의 집중도를 계속 유지하는 것, 교원들에게 학문적인 자유를 보장하는 것이 매우 중요합니다. 연봉이나 보상 면에서도 국제적인 경쟁력을 유지하는 것이 중요하다고 보고 있습니다.

네 번째 육성 분야는 바로 지역사회와의 연계입니다. 졸업생의 네트워크를 더욱 활성화함으로써 학생들이 졸업 후에도 계속 대학에 기여할 수 있도록 다양한 프로그램을 마련하고 있습니다.

다섯 번째 육성 분야는 국제화 및 중국 본토와의 연계 전략입니다. 이 분야는 향후 10년 동안 중점을 두려는 분야입니다. 홍콩뿐만 아니라 국제무대와 중국 본토에 저희의 존재를 더 알리고 저희 대학을 더 강화하자는 내용입니다.

마지막으로 조직과 자원과 관련된 육성 분야입니다. 새로운 재원을 확보하고 신규 시설을 마련하여 대학의 성장을 도모한다는 것입니다. 현재 홍콩과학기술대는 10개의 건설 프로젝트를 진행하고 있습니다. 그만큼 새로운 건물 건설에 신규 투자를 많이 하고 있습니다.

이런 다양한 전략을 하나로 묶는 테마가 있습니다. 바로 연구, 교육, 지역 사회와의 상호작용을 더욱 강화하고 학생, 교원, 교직원 간의 연계를 강화하면서 차세대 기적을 이루겠다는 목표입니다.

성과의 효과적 관리

마지막으로 저희가 어떻게 성과를 관리하고 대학 차원에서 평가하고 있는지 말씀드리겠습니다. 성과를 관리하기 위해서는 여러 다양한 요소들을 관리해야 합니다. 평의회에 보고되는 연간 성과 검토 보고서에는 1년 동안의 성과를 구체적으로 나열하고 있습니다. 경영진은 여러 가지 트렌드와 지표들을 심의하고, 교직원에 대한 평가, 전략 구조가 목표와 연계되어 있는지 확인합니다. 또한 다양한 벤치마킹, 그리고 실행 계획과 진척 사항들에 대한 모니터링을 실시합니다. 이러한 과정을 거쳐 성과를 더욱 높이고 있습니다.

저희는 평의회에 '퍼포먼스 리뷰 리포트HKUST Performance Metrics Report'라

는 보고서를 제출합니다. 졸업생의 진로, 학생의 경험, 입학생 연구 프로젝트, 펀딩, 연구 결과, 지식 이전, 세계 대학 순위, 재무 성과 등 주요 분야를 두루 망라한 보고서입니다. 최상의 기구인 평의회가 보는 리포트이기 때문에 각 단위 조직이 좋은 성과를 내는 것이 매우 중요합니다.

예컨대, 이 보고서에는 신입생의 질을 평가하기 위해 신입생 점수, 학부 중퇴율, 졸업생 취업률을 조사하고 다른 대학과 비교한 자료가 실립니다. 이런 자료를 통해 홍콩과학기술대학 졸업생들이 주로 상업과 비즈니스 계열로 진출한다는 사실을 알 수 있었고 취업 분야를 다각화할 필요성을 인식하게 되었습니다. 연구와 관련하여 연구비 수혜율, 교원당 프로젝트 규모, 교원당 학회 초록 수, 교원당 논문 수를 분석하고 있

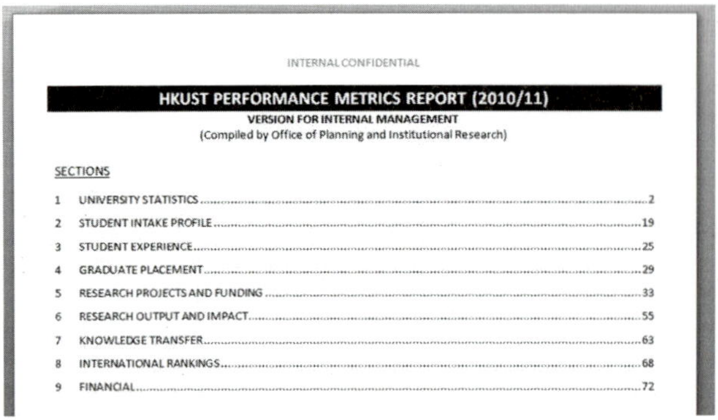

INTERNAL CONFIDENTIAL

HKUST PERFORMANCE METRICS REPORT (2010/11)

VERSION FOR INTERNAL MANAGEMENT

(Compiled by Office of Planning and Institutional Research)

SECTIONS

HKUST 퍼포먼스 리뷰 리포트

습니다. 또한 외부와의 연구 협업이 어느 정도 이루어지는지, 교원마다 어느 분야에서 어느 지역의 어떤 교원들과 협업을 하고 있는지 분석하고 있습니다. 이를 통해 연구 협업을 더 강화해야 될 분야가 무엇인지를 파악할 수 있을 것입니다. 예상되는 퇴임교원 수를 조사하여 충원해야 할 교원은 없는지 파악하기도 하고, 지식 이전과 관련해서는 라이선스 계약, 특허, 계약연구 프로젝트 등을 조사해 지역사회에 어떤 기여를 하고 있는지 살핍니다. 최근 들어 여러 라이선스 계약을 통해 보다 많은 수입을 창출하고 있습니다. 또한 각 보고서 영역별로 실행 역량을 어떻게 향상시킬 것인지에 대해서는 대학평가 순위를 참고하여 분석하기도 합니다.

성공 요인

홍콩과학기술대학이 지난 20년 동안 이렇게 성공할 수 있었던 요인이 무엇인지 말씀드리면서 제 발표를 마무리 짓겠습니다. 첫 번째는 바로 시기였습니다. 홍콩과학기술대학이 설립됐던 때는 정부 지원이 강력하게 이뤄지던 시기였습니다. 당시 홍콩 정부는 과학기술 분야를 중점적으로 지원했습니다. 홍콩이 영국에서 중국으로 이양되던 시기이기도 했는데, 그 시기를 잘 탔다고도 볼 수 있습니다.

또한 당시에는 영국 중심의 대학 시스템에서 미국 중심의 연구대학 시스템으로 옮겨가고자 하는 의지가 있었습니다. 그만큼 홍콩과학기술대학은 조금 다른 모델을 통해 그만큼 독특한 경쟁력을 유지할 수가 있었습니다. 고등교육에 대한 투자를 크게 확대하려는 정부의 의지도 있었습니다. 산하 Research Grants Council研究資助局도 그때 세워졌습니다. 이러한 정부의 노력이 있었기 때문에 대학이 발전할 수 있었습니다.

학술적인 환경 면에서 보면 홍콩과학기술대는 연구중심 대학입니다. 항상 학문적인 자유를 보장한다는 것이 저희 대학의 중요한 가치입니다. 많은 중국 본토 쪽의 학자들과 대만에서 활동하던 학자들, 해외에 유학 갔던 학자들을 유치할 수 있었던 것은 바로 학문적인 자유와 연구에 두는 비중 때문이었습니다.

경제 성장과 중국 경제의 부상도 홍콩과학기술대가 발전하는 계기가 되었습니다. 또한 영어로 교육한다는 것도 큰 도움이 된 것으로 보입니다. 저희가 유치한 학자들은 대부분 늘 영어로 교육하고 논문을 써온 분들인데, 저희 대학이 영어로 교육한다는 것은 그러한 유수의 학자들에게 하나의 매력으로 작용할 것입니다. 또 저희는 미국 유수의 대학과 비슷한 수준의 보수 체계, 그만큼 국제적으로 경쟁력 있는 보상체계를 가지고 있습니다. 보수 수준이 높기 때문에 유수의 교수들을 유치하기가 쉽습니다. 위에서 말씀드린 것들이 홍콩과학기술대의 성공 요인입니다.

그러나 짧은 역사 속에서 거둔 많은 성과에도 불구하고 홍콩과학기

이제는 아시아의 교육 연구 모델이 필요합니다. 연구, 교육, 교수법 등에 있어 아시아만의 모델이 있어야 합니다. 영국 모델에서 미국 모델로 바꿨는데, 아시아의 맥락에서 과연 미국 모델을 계속 견지할 것인지 생각해볼 필요가 있습니다.

술대는 해결해야 할 과제들이 많습니다.

홍콩과학기술대가 처음 설립되었을 때는 국내 유일의 연구중심 대학이었습니다. 하지만 이제는 다른 대학들도 연구중심으로 발전해가고 있기 때문에 더욱 혁신을 해야만 계속 앞서나갈 수가 있습니다. 연구비 면에서도 과거 홍콩과학기술대가 최고 수준이었지만 현재는 다른 대학들도 빠르게 우리 대학을 추격하고 있습니다.

저희가 극복해야 할 또 하나의 과제는 학생과 학부모들의 사고방식을 바꾸는 일입니다. 많은 사람들이 여전히 홍콩대학교를 선호하고 있습니다. 오랜 역사를 가진 대학들을 많이 선호하지요. 학생들을 홍콩과학기술대로 유치하기 위해서는 이들의 사고를 바꿔야 합니다.

또한 지역 발전과 국제무대에서 이뤄지는 활동 간의 균형을 잘 맞추어야 합니다. 예를 들어 많은 교원들이 이제는 중국 본토에서 활동하고 싶어 하는데, 둘 간의 균형을 잘 이룰 필요가 있습니다.

최고의 인재, 최고의 교원들을 유치하는 경쟁은 세계적으로 더욱 거세질 것입니다. 유수의 인재 및 교원들을 유치하기 위해서는 싱가포르

홍콩과학기술대학교 전경(위)과 중앙광장

소재 대학들과 경쟁해야만 합니다. 한국의 대학들도 이러한 유치 경쟁을 벌이고 있을 것입니다. 지금 당장은 아니더라도 미래에는 얼마든지 그런 경쟁에 뛰어들 것입니다.

다음은 자기성찰과 관련 있습니다. 미국식 모델을 아시아에 적용하는 것이 어느 정도 효과는 있지만 이제는 아시아의 교육 연구 모델이 필요합니다. 연구, 교육, 교수법 등에 있어 아시아만의 모델이 있어야 합니다. 영국 모델에서 탈피해 미국 모델로 바꿨는데, 아시아의 맥락에서 과연 미국 모델을 계속 견지할 것인지 생각해볼 필요가 있습니다.

마지막으로, 많은 대학들처럼 홍콩과학기술대도 재원을 강화하기 위해 많은 노력을 기울이고 있습니다. 정부 지원은 경제 상황에 따라 변동성이 있기 때문에 정부에 대한 의존도를 줄이려고 합니다. 변동성을 최소화하기 위해서는 대학 내부의 재원을 강화할 필요가 있습니다.

질의응답

강곤 국제교류처장 경희대학교 같은 종합대학과 홍콩과학기술대학교처럼 특정 분야에 집중하는 대학은 이익과 불이익이라는 측면에서 아무래도 차이가 있을 것 같습니다. 홍콩과학기술대 입장에서 봤을 때 가장 불리한 분야가 무엇인지, 이런 불리함을 개선하기 위해 어떤 노력을 기울이고 있는지 궁금합니다.

마이클 펑 기획처장 말씀하신 것처럼 대학을 평가하는 기준은 매우 다양합니다. 대학 순위 중에서 이과나 공학 쪽에 집중하는 순위 평가도 있습니다. 이 경우, 특정 대학에 의대와 공대가 있고 그 대학이 잘하고 있다면 아마도 대학 순위가 높아질 것입니다. 한편 인문학이라든지 사회과학 계통의 학과는 상대적으로 순위에 크게 도움이 되지 않을 것입니다. 그 순위를 부여하는 기관들이 초점을 맞추는 분야가 이공계 쪽이면 이공계를 제외한 부분은 조금 약점이 될 수도 있습니다. 대학 순위의 종류에 따라 다른 것입니다. 그렇기 때문에 모든 대학들이 같은 고민을 하고 있습니다. 대학 순위와 관련된 방법론은 아직 완벽하지 않습니다. 어떻게 보면 굉장히 주관적인 내용들도 많습니다. 한번은 저희 학교에 설치가 안 된 전공 분야에서 굉장히 높은 순위를 받은 적이 있습니다. 홍콩과학기술대에는 없는 학과였는데도 말이죠. 그 정도로 어떤 순위 기관의 평가에는 허점이 많습니다. 일단은 의대와 공대가 있는 경우에 전반적으로 순위에 유리하다고 말씀드릴 수 있습니다. 하지만 일부 순위 기관에서는 학과가 서로 다르거나 논문 수가 다를 수밖에 없는 부분을 보정하는 조정계수를 도입하기도 합니다.

권기붕 평화복지대학원장 말씀하신 것을 바탕으로 보면 연구 성과를 높이는 방법으로 중동처럼 타 대학 소속 교원을 겸직시켜 순위를 올리는 모델이 있는가 하면, 중국처럼 교원으로 채용하는 모델이 있을 것 같습니다. 두 모델을 비교·언급하시면서 중동 모델은 발전에 한계가 있었다고 하셨습니다만, 중국 모델에 대해서는 언급을 하지 않으셨습니다. 중국 모델에 대해서 어떻게 평가하고 있으신지, 홍콩과학기술대에서는 다른 방식을 취하는 것 같은 인상을 받았는데 어떤 방향으로 운영하고 계신지 궁금합니다.

마이클 펑 기획처장 제가 중동 모델을 말씀드렸을 때 중동의 모든 대학에 적용되는 것은 아닙니다. 일부 대학에서는 고도의 첨단 시설을 신축하고 있고 학문적으로 글로벌한 문화를 도입하고 있습니다. 그런 대학들은 진정한 발전 가능성을 보여주고 있습니다. 그런데 일부 중동 대학들은 논문인용 지수를 구매하고 있습니다. 이런 방식은 장기적으로 그 대학에 보탬이 되지 않습니다. 중국 본토에서 계획하고 있는 '1,000명 인재 유치 모델'은 교원들을 상당 기간 동안 직접 임용한다는 것이고, 이를 통해 대학의 순위를 높이자는 것입니다. 궁극적으로 대학 자체의 발전에 기여할 수가 있지요. 홍콩과학기술대는 이와 약간 다릅니다. 홍콩이 중국의 일부이기는 하지만 별도의 통치 구조를 가지고 있고, 법 제도나 사업 환경이 오히려 서구 국가들과 비슷합니다. 미국이나 영국의 대학 환경과 비슷하기 때문에 교원 유치가 훨씬 쉽습니다.

서경아 미래정책원 평가팀장 대학이 성장과 발전을 하기 위해서는 직원의 역할도 상당히 중요하다고 생각합니다. 홍콩과학기술대학교에는 직원이 어느 정도 있으며, 그들의 역량을 어떻게 분석하고 평가하는지, 성과에 대한 보상은 어떻게 하고 있는지 설명을 부탁드리겠습니다.

마이클 펑 기획처장 홍콩과학기술대의 경우도 교직원에 대한 성과 평가는 충분히 하지 못하고 있는 실정입니다. 주로 교원들을 대상으로 평가를 많이 하는 편이지요. 평의회에 제출하는 보고서도 전임교수, 연구원, 대학원생의 실적 중심으로 작성합니다. 물론 일반 직원들에 대한 연간 평가제도가 있습니다만, 이런 내용들을 평의회까지 전달할 정도로 고위급에서 관심을 갖고 있지 않은 것은 사실입니다.

김영진 국제캠퍼스 연구산학협력처장 홍콩과학기술대가 처음 설립된 게 1991년이고 홍콩 반환이 1997년이었습니다. 굉장히 혼란스러웠고 이민도 많았던 시기라 알고 있습니다. 그런데 최근 홍콩과학기술대를 위시해 홍콩에 유입되는 외국 학생들이 매우 많아진 것 같습니다. 어떤 유인책을 사용했는지, 유입된 학생들에 대한 지원 정책으로 어떤 것이 있는지 말씀해주십시오.

마이클 펑 기획처장 1997년 홍콩 반환 전후로 많은 혼란과 불확실성이 있던 것이 사실입니다. 그런데 시간이 지나면서 별다른 변화가 없다는 것을 사람들이 인식하게 되었습니다. 홍콩은 예나 지금이나 동일하다는 것을 사람들이 확신하게 된 것입니다. 2047년까지는 현재 통치구조가 계속 유지되기 때문에 향후 30~40년 동안 큰 변화가 없을 것입니다. 반환 전에는 이민이 많았습니다. 그런데 어찌 보면 이민이 홍콩 경제 자체에 도움이 됐던 것 같습니다. 부모들은 이민을 가고 반환이 순조롭게 이어지고 그 다음에 자녀들은 외국에서 경험을 쌓다가 다시 홍콩으로 돌아왔습니다. 새로운 인재들이 다시 홍콩으로 유입된 것입니다. 그것 자체가 홍콩에 많은 도움이 됐습니다. 많은 동료들이 해외에서 경험을 쌓았지만 여전히 아시아의 일부가 되고 싶어 합니다. 대만이든 중국 본토든 홍콩이든 다시 아시아로 돌아오겠다는 의지가 강합니다. 그래서 홍콩 반환이 우수한 인재를 홍콩으로 유치하는 촉매가 되기도 했습니다. 또한 아시아의 성장에 힘입어 아시아에 대한 학생들의 관심도 높아지고 있습니다. 한국도 한류 등으로 많은 이들의 관심을 받고 있지요. 우리는 균형을 잘 유지해야 됩니다.

대학은 내국인들을 위한 교육을 제공해야 한다는 정치적 압력이 여전히 있습니다. 그래서 외국 유학생 비율이 아직도 20%에 머물고 있습니다. 그럼에도 불구하고 저희는 장학금 제도를 비롯해 외국 학생들의 입학을 지원하는 제도들이 있습니다. 학생들은 굉장히 적응력이 뛰어납니다. 이런 지원 없이도 스스로 홍콩 생활에 잘 적응하고 있습니다. 저희가 역점을 기울이고 있는 부분은 바로 주거입니다. 홍콩은 집값과 주거비가 굉장히 비싸기 때문에, 캠퍼스 밖에 있는 주거시설을 임대하여 학생들이 유스호스텔 용도로 사용할 수 있도록 최대한 노력하고 있습니다.

박준봉 치의학전문대학원장 두 가지 질문을 드리겠습니다. 첫 번째 질문은 일반적인 순위를 이야기할 때 의대와 공대가 있으면 유리할 것 같다고 하셨는데 왜 그런지 알고 싶습니다. 두 번째는 홍콩이 영국 모델에서 미국 모델로 바뀌었는데, 향후에는 아시아식 모델을 추구해야 한다고 하셨습니다. 아시아식으로 한다면 어떤 방식에 중점을 두실 계획인지 궁금합니다.

마이클 펑 기획처장 우선 첫 번째 질문에 대해서 답변드리지요. 의대가 있으면 당연히 유리합니다. 의학 분야는 논문 인용이 많이 이루어집니다. 의학 저널에 논문이 게재되면 동료 학자들에 의한 인용이 다른 분야에 비해 월등히 높습니다. 그래서 의학 저널에 실린 논문이 여타의 과학 저널보다 인용 횟수가 훨씬 더 높습니다. 마찬가지로 과학 및 공학 관련 분야도 다른 학문 분야에 비해 논문 발표나 인용 횟수가 훨씬 더 높습니다. 다른 분야라면 2~3년 정도 걸려야 게재되겠지만, 의학이나 공학 분야에서는 아주 획기적인 발견이 이루어졌다면 최고 권위의 저널에 곧바로 게재될 가능성이 있습니다. 최고의 저널에 게재되고 동료들에 의해 논문 인용 횟수가 높아지면 아무래도 순위에 도움이 되겠죠. 예를 들어 홍콩중문대나 홍콩과학기술대 외의 대학들에는 의대가 많습니다. 의대를 뺀 분야의 논문 수를 비교하면 저희와 거의 비슷하지만, 의대가 있는 대학은 논문 인용 횟수가 훨씬 더 높습니다. 순위가 더 올

GLOBAL EMINENCE 2020
21세기 미래대학을 말한다
Global Eminence 2020

라갈 가능성이 있는 것입니다.

두 번째 질문에 답하지요. 영국 모델에서 미국 모델로 이전을 했고 앞으로는 아시아 모델로 갈 것이라고 말씀드렸습니다. 저도 어떤 영역에 집중할 것인지에 대한 답이 있으면 좋겠습니다만 아직은 확정된 것이 없습니다. 제 생각에는 아시아 고유의 것이 무엇인지를 꼼꼼하게 고민해야 한다고 봅니다. 정답이 있는 것은 아니고 계속해서 추구해야 하는 내용입니다. 서구와 달리 아시아를 살펴보면 학생들과 학부모들의 가장 큰 관심사는 졸업 후 첫 직장이 어디고 초임이 얼마냐 하는 것에 있습니다. 미국의 경우, 졸업 후 첫 직장에 대해 아시아처럼 관심이 높지는 않습니다. 대학원이나 다른 추가적인 진학을 원하는 학생들도 있지만 대부분은 졸업 즉시 취업을 원합니다. 어떤 모델을 만들든지 아시아 학생들의 경향을 간과해서는 안 됩니다. 또한 아시아에서 추진되는 연구도 다릅니다. 아시아 사람들이 중요하게 생각하는 연구 주제가 미국과는 다를 수 있습니다. 아시아 모델이 진화될 수 있다면 미국 사람들이 중요하게 생각하는 분야의 연구보다는 아시아적인 사회 문제와 연구 주제를 해결하는 데 집중할 수 있을 것입니다.

김운호 대외협력처장 홍콩과학기술대의 재정 구조에 대해 설명해주시면 고맙겠습니다.

마이클 펑 기획처장 홍콩과학기술대의 재원 중 60%는 정부 지원입니다. 25%는 대학 등록금이지요. 대학 등록금의 경우 국내 학생의 등록금이 있고 외국 학생의 등록금도 있습니다. 외국 학생 중 일부는 보조금을 받기도 하지만 대부분 전적으로 본인 부담입니다. 연구 라이센스를 통한 특허, 즉 특허 라이센스나 라이센스 계약 수입이 있습니다. 홍콩에는 대학원 학위를 취득하려는 사람이 굉장히 많기 때문에 대학원생들을 통한 수입도 있고, 기금도 있습니다. 기금에서 발생하는 수익률이 약 10%에 달합니다. 이렇듯 여러 다양한 재원을 통해서 수입을 창출하고 있습니다만, 여전히 많은 부분은 정부 재원입니다.

사회자 오늘 좋은 말씀 해주신 마이클 펑 처장님께 다시 한 번 감사의 박수를 보내주시기 바랍니다. 이것으로 '21세기 미래대학을 말한다' 에서 초청한 마이클 펑 홍콩과학기술대학교 기획처장님의 특강을 마치겠습니다. 대단히 감사합니다.

강연자 소개

마이클 펑 Michael Fung

홍콩과학기술대학교 기획처장으로 있으면서 QS 아시아 대학순위에서 소속 대학을 1위로 이끈 전문행정가다. 대학의 학문발전 및 발전전략 수립을 비롯해 의사결정과 자원배분을 총괄·지원하고 있다. 더불어 대학의 고위행정가들과 협력해 장단기 발전계획을 세우고, 다양한 실적 기준 및 데이터로 계획 실행 과정상의 제도적 효율성과 성과를 관리하고 있다. 이와 더불어 대학의 국제순위 관리 업무도 관장한다.

기획처장직을 맡기 이전에는 싱가포르경영대학SMU에서 전략 기획 및 품질보증처장으로 근무했으며, 정보시스템학부 겸임교수와 최고정보책임자CIO 실장직을 맡은 바 있다. 그 외에도 싱가포르 인력부MOM 부과장으서 전사적 기업 IT 변화를 주도했다. 정보통신개발청IDA과 국가전산원NCB에서는 정부 차원의 고급 IT 기본설계 개발에 참여했고 금융,

의료, 브로드밴드 및 디지털 미디어산업에 걸쳐 다양한 국가적 IT 기초 계획을 세웠다.

그 밖에도 전자정부 기획, 기업경영, 기술적 시스템 구성 및 데이터 표준화를 위한 정부 TF팀 및 실무위원으로 활동했다. 또한 지식관리 및 비즈니스 인텔리전스BI에 대한 다양한 논문을 세계적 잡지에 게재하고 여러 학술대회에서 관련 연구성과물을 발표한 바 있다. 아울러 고등교육을 주제로 열린 고위급 국제전략대화 모임의 의장을 맡아 국제화, 품질보증, 브랜드포지셔닝 등의 주제를 다룬 경험이 있다. 현재 홍콩 소재 영국 국제학교ESF인 클리어워터베이 초등학교 평의회원, 대학입안협회SCUP 및 대학교육연구회AIR 회원이자 아시아태평양품질네트워크APQN 등록컨설턴트다.